ひとりで着物が着られる

帯を切らずにつくれる かんたん作り帯

和らく会・著

Contents

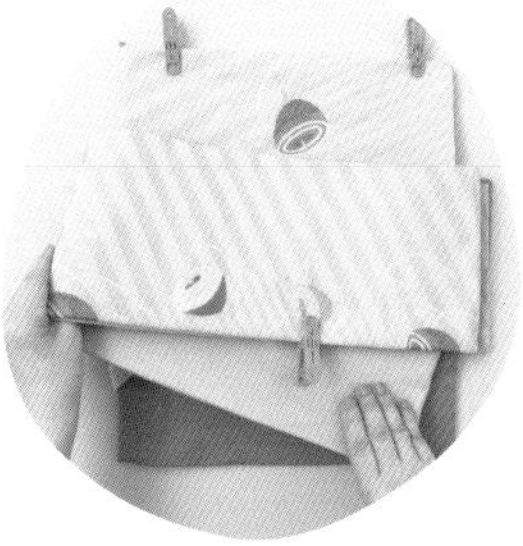

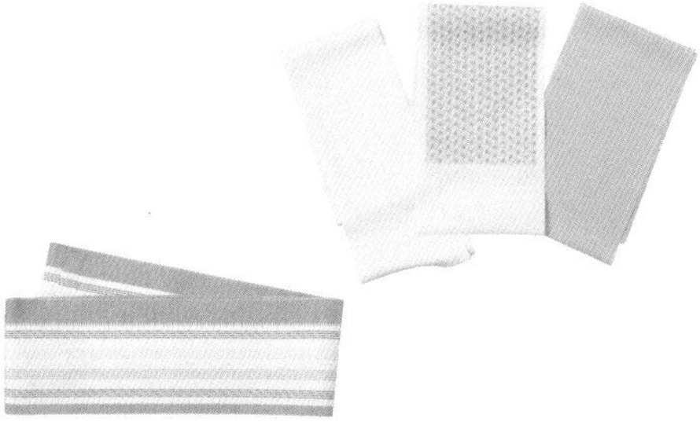

本書の作品の作り方は
帯の種類別に紹介しています。
同じ種類の帯ならば
長さに関係なく、
すべて同じ手順で作ることが
できます。

作り帯で装う

常盤貴子さんの着こなし

華やかなアンティークの訪問着にお召、キュートな紬。
どれを着てもその着物の顔になる常盤さん。
輝く笑顔が着姿の美しさをさらに引き立てます。

花尽くしの着物と帯で
和のドレスアップ。

花唐草の紋錦紗の訪問着、輪奈ビロードと刺しゅうで花柄を描いた繻子の袋帯、縮緬の帯揚げ、蝶の刺しゅう入り羽二重の半衿、陶器製の蝶の帯留め、べっ甲の髪飾り/すべて池田重子コレクション

**艶やかな縞のお召しを
帯で粋に遊びます。**

大正時代のアンティークお召、黒色とさび朱色の市松柄に菊の刺しゅう入りの腹合わせ帯（昼夜帯）、麻の葉模様の絞りの半衿、べっ甲に漆塗りの帯留め/すべて池田重子コレクション

アンティーク更紗の作り帯を引き立てる、
小さな主役はハートの帯留めです。

千筋と水玉模様を染めた紬、フランス製のアンティーク更紗のテーブルセンターから作った名古屋帯、うずら縮緬の帯揚げ、珊瑚の粒のハート型の帯留め、珊瑚と真珠を施したべっ甲の髪飾り／すべて池田重子コレクション

常盤貴子さんの作り帯レッスン

着物が日常着だった時代、作り帯は“時短着付け”の必需品でした。「帯結びは毎回緊張します」という常盤さんも作り帯に興味津々。作り方から装着までチャレンジしました！

教える人：桑山奈津子（和らく会代表）

常盤さん：花織紬、紅型の名古屋帯、ちりめんの帯揚げ、絞りの半衿／すべて池田重子コレクション

着付けのカベは“帯結び”
作り帯は帯を結ばず“装着”

桑山 常盤さんのお着物はテレビや女性誌でよく拝見しますが、本当にすてきに着こなされていますね。

常盤 ありがとうございます。元々、和のものが好きで、そこから着物に目覚めたんです。20代の初めには着付け学校にも通いましたし、着物を着たときの所作も身に着けたいと思って、日舞のお稽古もしました。続けてないけど（笑）。

桑山 私は着付けは独学、というか自己流かな（笑）。着る機会をどんどん増やして、着ながら覚えていったようなものです。それで最終的に一番やっかいだったのが、帯結びでした。

常盤 私もプライベートで自分で着付けをするときは、帯結びは恐怖（笑）。着物はどうにか着られるんですけれど。

桑山 そうそう。ああ、やっと着物が着れたと思っても、帯を結んだり回したりしているうちに崩れてきたりしますよね。

常盤 よくわかります。帯結びをなんとかクリアできれば着付けは格段に楽になると思って、作り帯にはとても興味があったんです。

桑山 作り帯はラクですよ。体にささっと巻いてひもを結んでおしまい。私の場合で装着時間はだいたい3分くらいかな。

常盤貴子 ときわたかこ

1972年生まれ。女優。代表作は『愛していると言ってくれ』『ビューティフルライフ』（ともにTBS系列）など。着物好きで知られ、帯留めは自身で手作りもして楽しんでいる。本書では指先まで美しい所作で着姿を披露。

「作り帯は慣れたらわずか3分で、ささっと装着できますよ」（桑山先生）

「しかも帯を切らずに作れる。作り帯、えらいです（笑）」（常盤さん）

いざ、装着。「え、こんなに簡単に装着できるんですか?!」と驚きながら、作り帯ビギナーの常盤さんは10分で装着が完成しました。

「ちょっと胴が長いかな」と桑山さんの指摘に、常盤さんがメジャーで測ってチェック。

仮どめは洗濯用ピンチ。手間いらずで帯地に跡も残りません。

作っている途中で帯にしわが出たら、両手でぴんと伸ばす。きれいに仕上げるコツの一つです。

常盤　しかも先生たちの作り帯は、帯を切らなくて作れるんですよね？　これはうれしいです。私が知っている作り帯は切るやり方だったので、帯を切るにも勇気がいるなと思っていたんです。

帯を切らないので何回でもやり直しOK！

桑山　和らく会の作り帯は大事な帯を切らずに作れますので、ご安心ください（笑）。

常盤　手結びと同じ見た目でも帯を切ってしまったら、着物好きな人たちは「切っちゃんたんだ」と嘆くと思うんです。

桑山　作り方も簡単なので、初めて作る方にもハードルは低いと思います。

常盤　モノが帯なのでお裁縫ができなきゃだめなのかなと思ったら、折りたたんで洗濯ピンチでとめて、数ヵ所をちょっと縫いとめるだけでできちゃうのですね。びっくり。

桑山　切らないので、まちがっても何回でもやり直しもできます。

常盤　私は着物や帯はアンティークが大好きで、生地が弱くなっていたりするんです。作り帯にしても大丈夫ですか？

桑山　もちろん大丈夫です。作り帯にすれば帯はいたまないし、結びしわもできません。

常盤　家で眠っている帯で、作り帯をさっそく作ってみます！

桑山奈津子　くわやまなつこ

和らく会代表。気軽に着物を着るために帯結びがネックだった経験から作り帯に着目。2009年、仲間たちと作り帯の作り方と装着を教える『和らく会』を設立。自身も講師として関西、関東で年間200講座以上を受け持つ。

慣れたら３分でOK!

和らく会流・帯を切らない

1 作り帯を用意します

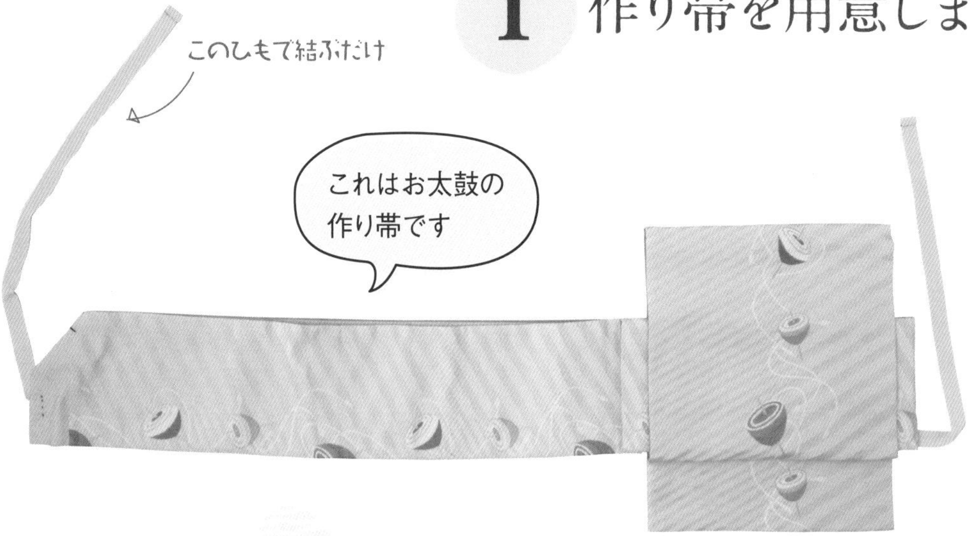

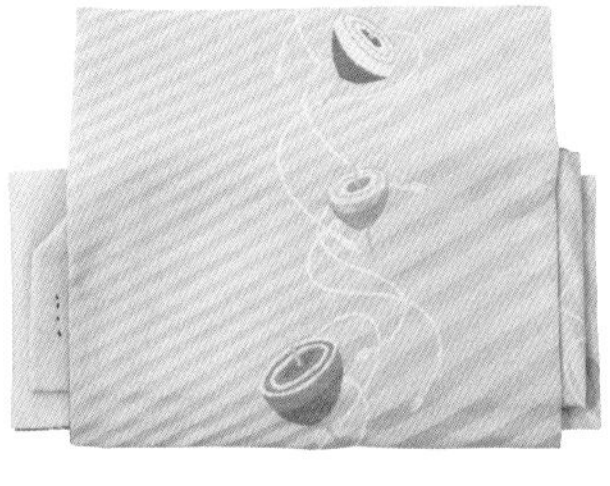

たたんだところ

2 背中にピタッと当てます

ゴムベルト付きの帯板を使う場合は、装着しておきます。

3 正面に巻いていきます

帯揚げと帯枕のひもを胸の下で仮結びして、帯を固定します。

作り帯のかんたん装着方法です!!

4 ひもで引き締めます

ぎゅっ!

二度締めして、帯がゆるまないようにしっかりと締めます。

帯の折り山に指を入れて引くので、締めやすい!

5 ひもを正面で結んで終了!

リボン結びして帯の中へ

帯締めがゆるんでしまっても、お太鼓は崩れません。

帯揚げと帯締めも結びます。

ブイッ!

座っても走っても着崩れの心配なし!

Section1

名古屋帯で作る一重太鼓の作り帯

日常感覚で着物を楽しみたいなら、“染め”と“織り”がある名古屋帯のお太鼓がおすすめです。紬や小紋、色無地など合わせる着物や帯の格によって、ショッピングやランチなどのふだんのおでかけからセミフォーマルな装いまで、幅広いシーンで活躍します。

一日中、着物の日でも 作り帯は形が崩れません。

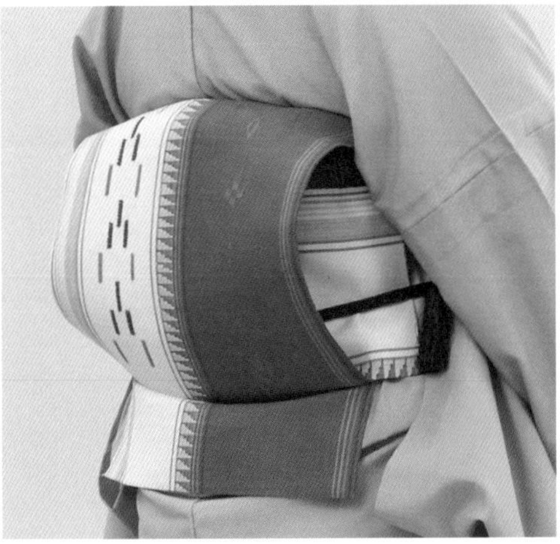

慣れたら装着は3分。帯枕が背中にぴたっとつきます。

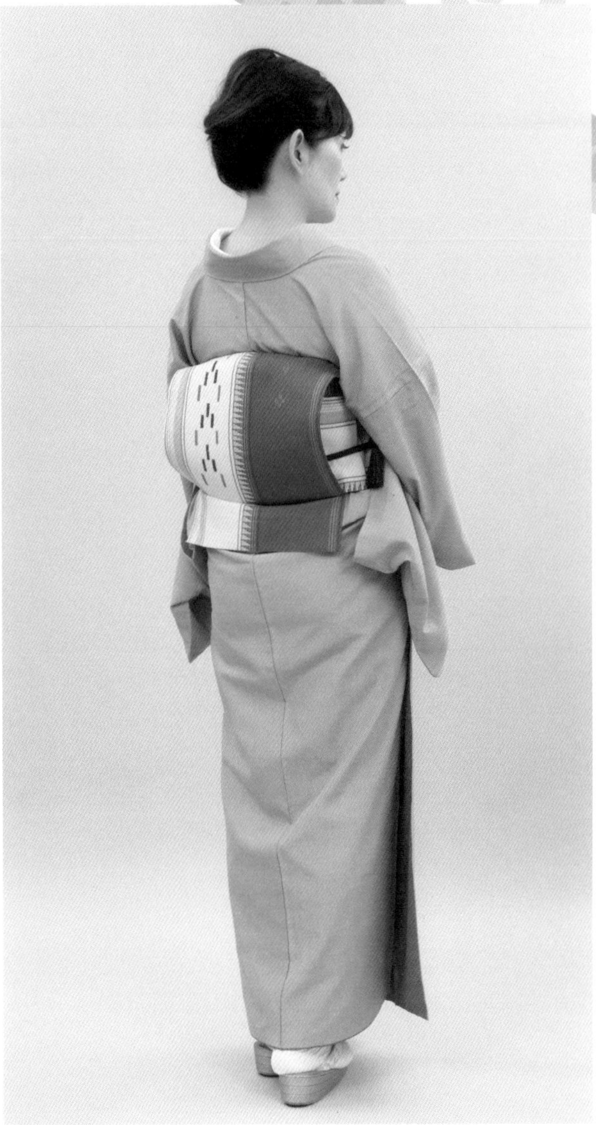

からし色の無地の紬に個性的な博多帯の組み合わせは夏に向かう季節に。「10年前、一泊旅行の前日に作り帯に仕立てて以来のお気に入りです」（西川伸子さん／和らく会講師）

琉球絣模様のポリ着物に帯は絹芭蕉布の紅型染め。「やわらかい絹芭蕉布は手結びだとしわができて大変だったので、作り帯にして大正解です」（桑山貴子さん）

帯揚げと帯締めは鮮やかな差し色で。 30代のキュートな帯回りです。

〝染めの着物に織りの帯〟で スマートカジュアルに。

着付けの要は胸の下と腰の補正。「体に厚みがないので補正をしないと帯がずれたり、たれにしわができたりします。和らく会の仲間に『たくさん足すねんなあ』と笑われるくらい、はい、足しています（笑）」

葵とおもだか柄の小紋に綴れの帯で正統派の着こなしです。
「縮緬の小紋は体になじみやすく着付けもすいすい。迷ったら、ついこれを選んでいますね」（新堂富士子さん／和らく会講師）

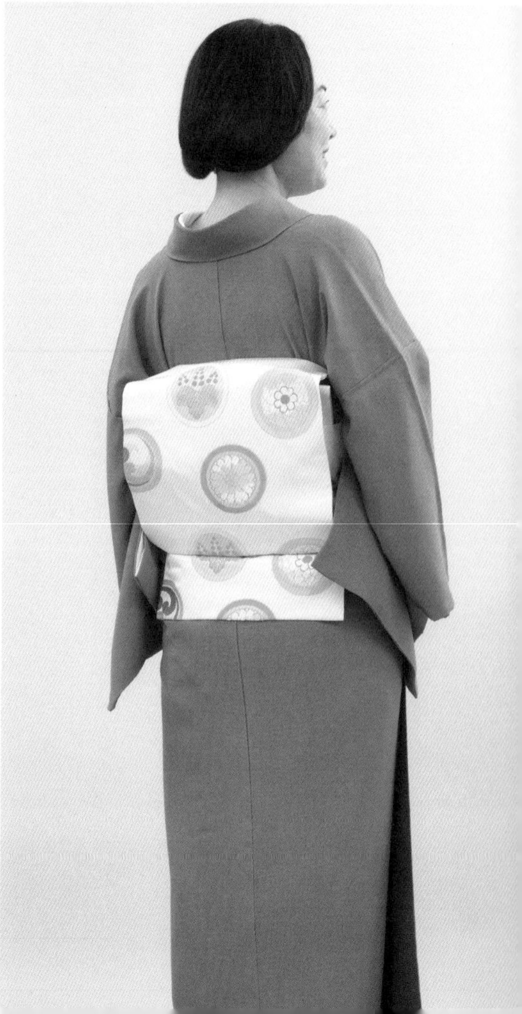

パステルカラーの丸紋が上品な西陣織の帯はいろんな色が入っているので、どんな着物にもしっくりなじみます。色無地に合わせてカジュアルなお茶着物のイメージで。

「最後に着物を着たのは何十年前かの初釜のとき（笑）。お茶は中断していますが、着物は作り帯で復活できそう」
（工藤尚美さん）

着付けにかけた時間は約15分
着物12分、作り帯3分です。

からし色の紬に同系色の織りの帯の組み合わせは秋の装い。「コーディネートは季節感がある色合わせを大事にしています。柄はそれほどこだわりません。好きな色合わせだと、着ていても落ち着くんです」（西川伸子さん／和らく会講師）

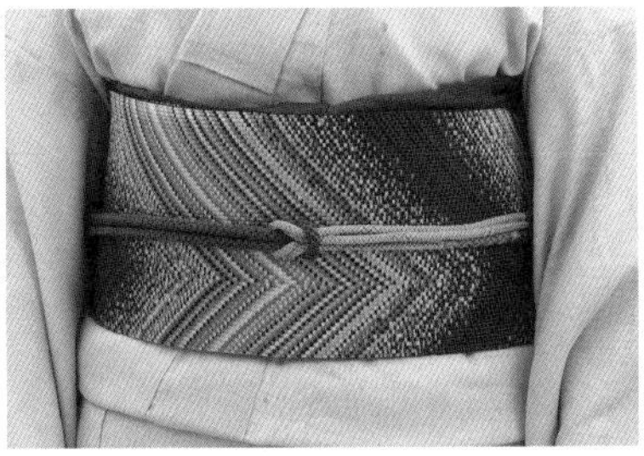

前帯、たれ、お太鼓とも柄の出方が揃うように作っています。前帯の柄出しのコツはP27をご覧あれ。「紬の作り帯はほどよくハリもあって作りやすかったので、1時間でできました」

「着物だからと難しく考えず、色合わせは洋服感覚で楽しんでいます」

用具・サイズ・縫い方

和らく会流・作り帯の基本

帯をたたんで縫いとめるだけで作れるので、特別な用具も技術も必要ありません。

◆帯選び

帯の長さや種類、素材はなんでもOKです。手結びが大変な帯（帯が長い、柄出しが大変、帯地がかたい、etc.）や結びじわをつけたくない繊細な帯やアンティークの帯など、たんすに眠っている帯は作り帯にしてどんどん活躍させましょう。

◆基本の用具

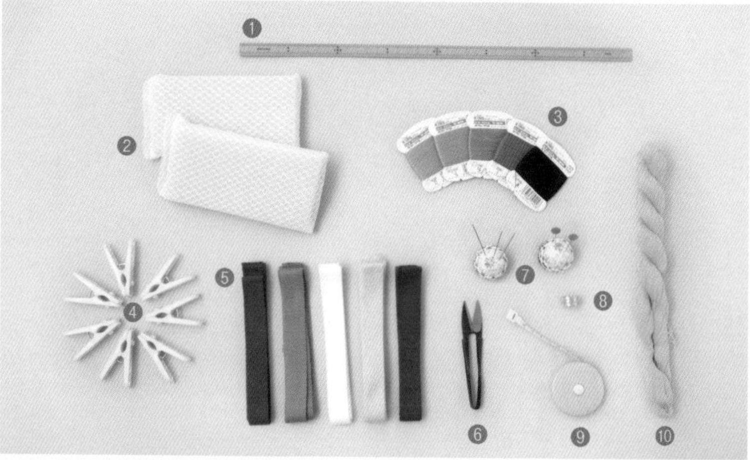

❶ものさし 帯の幅や長さ、各部のサイズを測る。40cmのものが使い勝手よし **❷食器用スポンジ** 角出し用。1本に2コ使ってふくらみをつける **❸縫い糸** ボタンつけ糸が丈夫で便利 **❹洗濯ピンチ**10コ以上 **❺装着用のひも** 2cm幅×胴回り+40cmの長さ。余り布でOK。手芸用のアクリルテープを使う場合はやわらかいものがおすすめ **❻糸切りばさみ** **❼針** **❽指ぬき** **❾メジャー** 胴回りを測る **❿しつけ糸**

◆あると便利な用具

革用の三角針

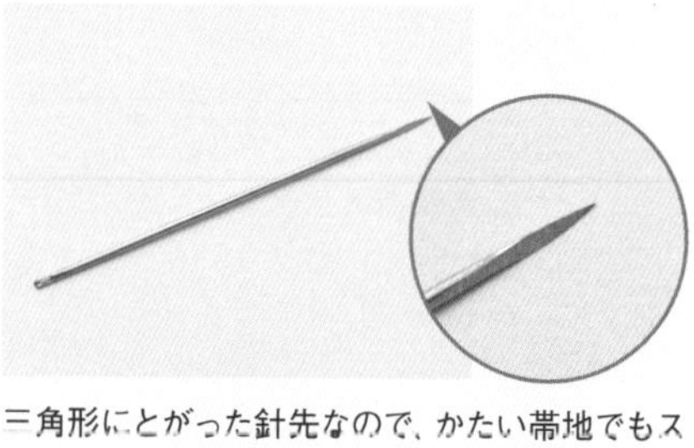

三角形にとがった針先なので、かたい帯地でもスムーズに針を突き刺すことができます。

飾りつきゴム

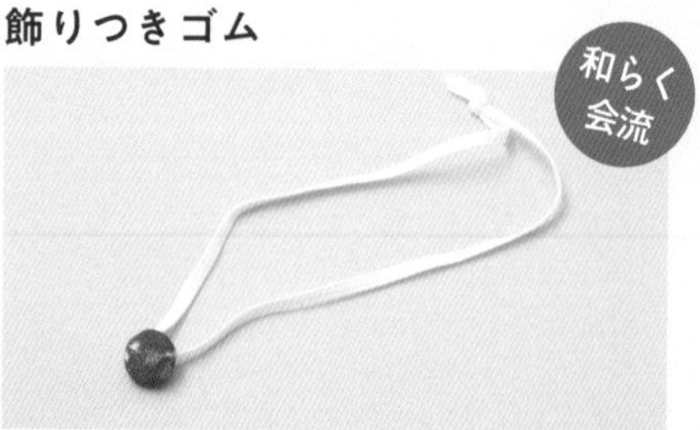

ヘアゴムに好みのボタンを通した和らく会講師の手作りグッズ。作り帯の装着時に使います。

使い方

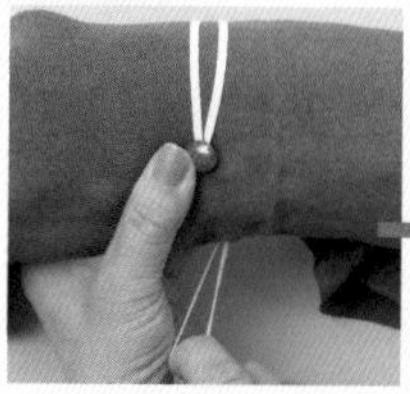

帯枕を帯揚げでくるんだらゴムを巻く。

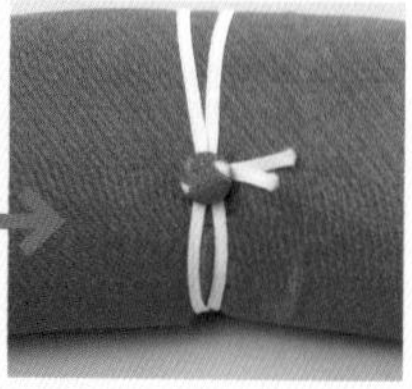

ボタンにゴム輪の端をひっかける。

手芸用ラジオペンチ

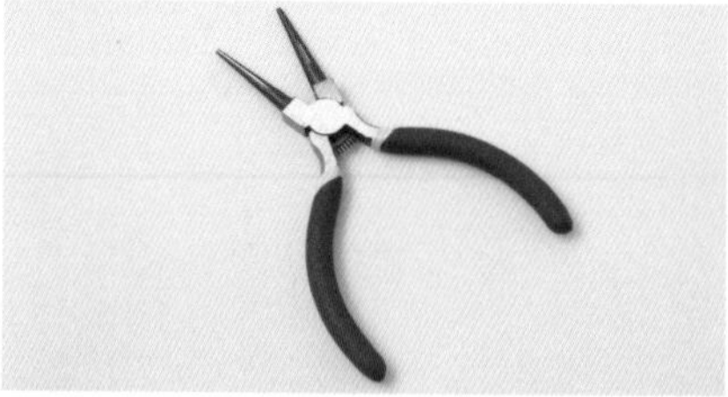

帯地がかたくて針が刺しにくいときに活躍します。

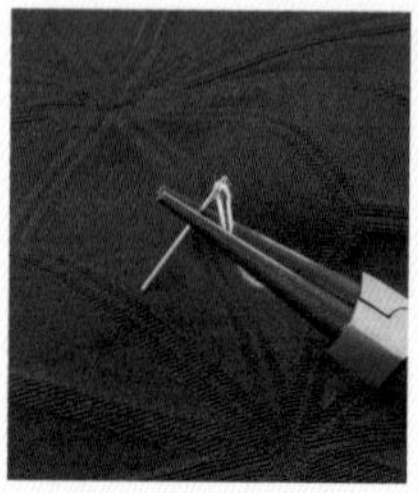

使い方

ラジオペンチで針の頭部をはさみ、刺したり引き抜いたりする。

スレダー（糸通し器）

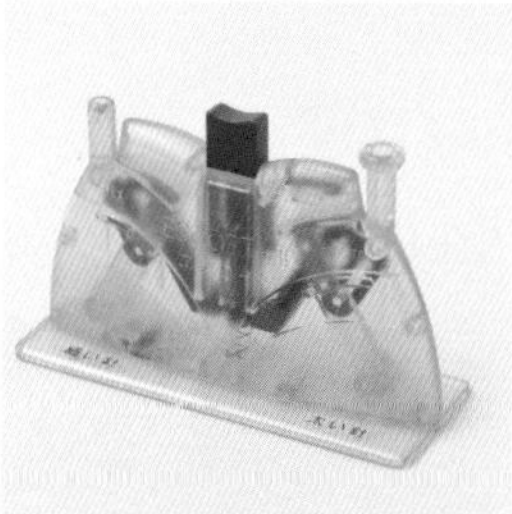

小さな針穴にも一瞬で糸を通せるすぐれものです。

◆作り帯の基本サイズ

和らく会では作り帯を装着する方の身長や年齢を考慮して、帯のサイズの目安を決めています。

一重太鼓

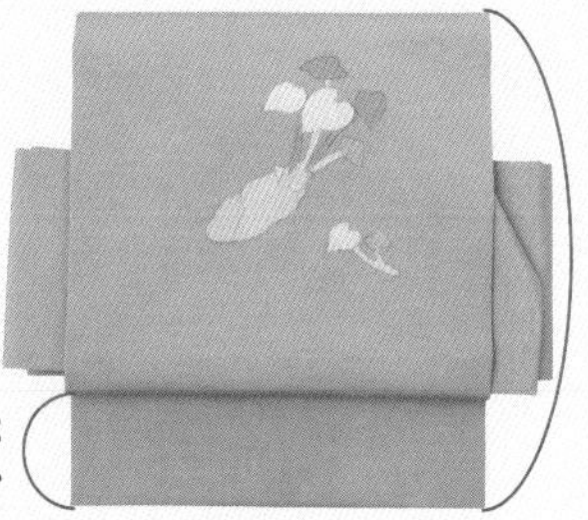

二重太鼓

角出し

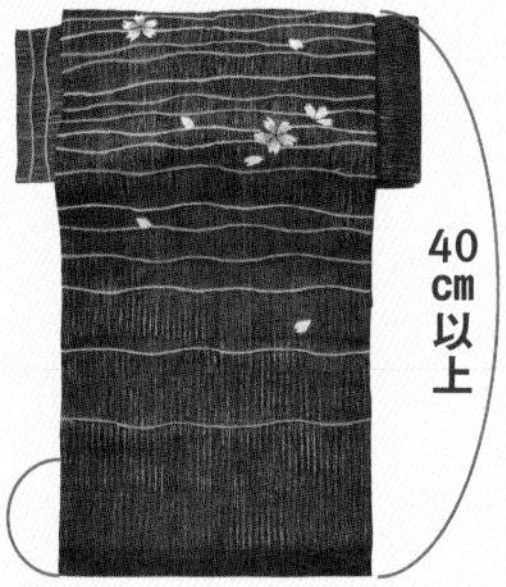

吉弥結び

◆本書で使う縫い方

※プロセスでは糸は2本どりにしています。

折りたたんだ帯地の縫いとめ方です。1ヵ所でしっかり縫いとめることができます。

十字どめ（1cm幅の縫い目の場合）

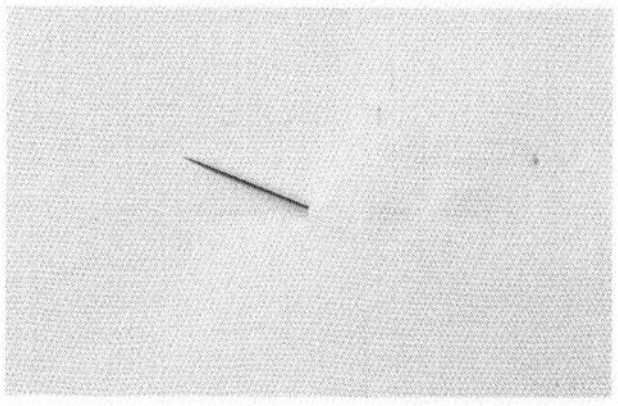

1 布の裏から針を刺して表に出す。

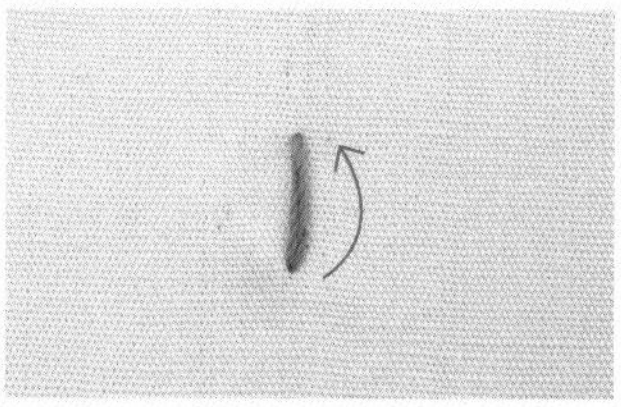

2 真上の1cm先に針を入れる。

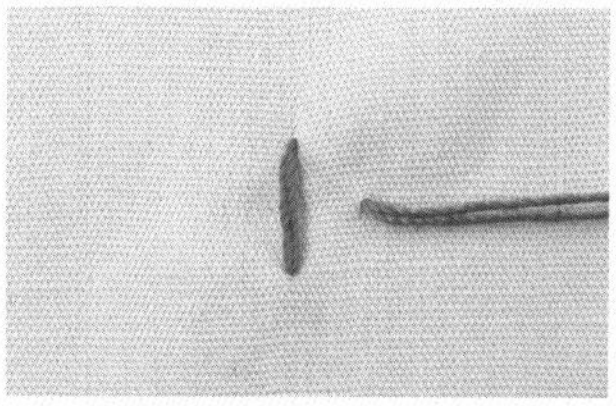

3 縫い目の中心の5mm右に針を出す。

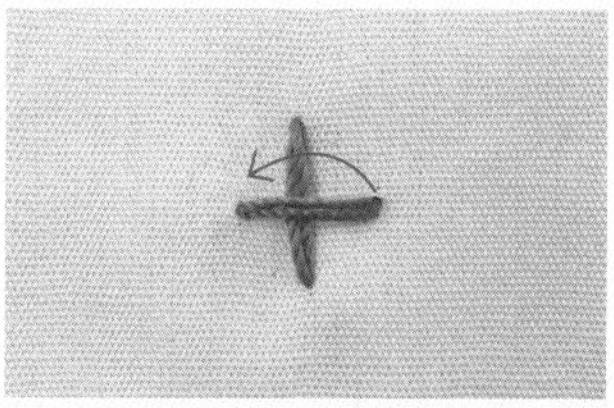

4 縫い目から1cm左に十字に針を入れる。

飾り十字どめ（3cm幅の縫い目の場合）

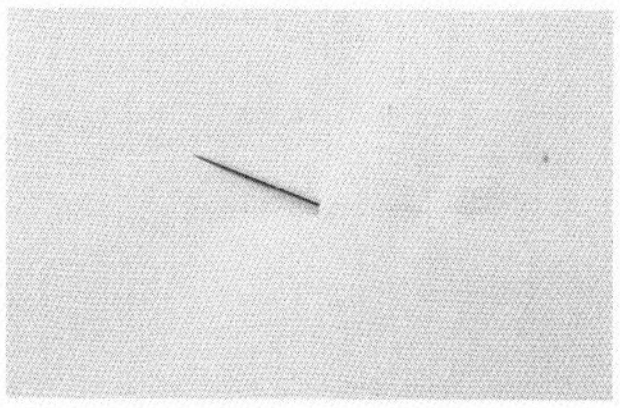

1 布の裏から針を刺して表に出す。

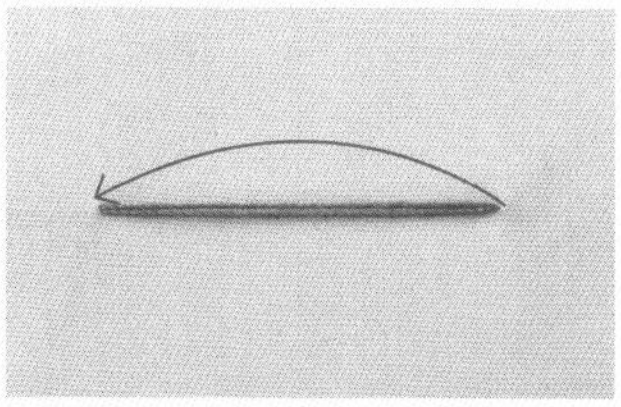

2 3cm左に針を入れる。

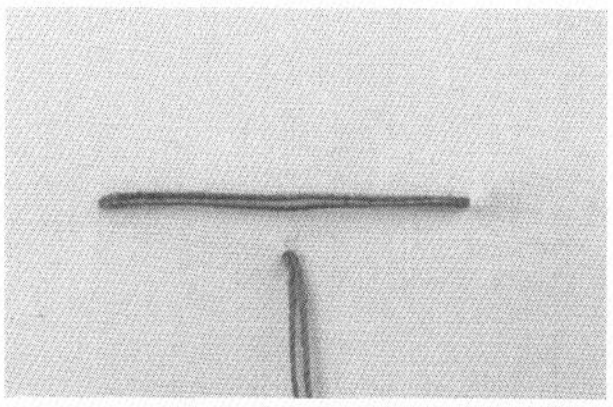

3 縫い目の中心の5mm下に針を出す。

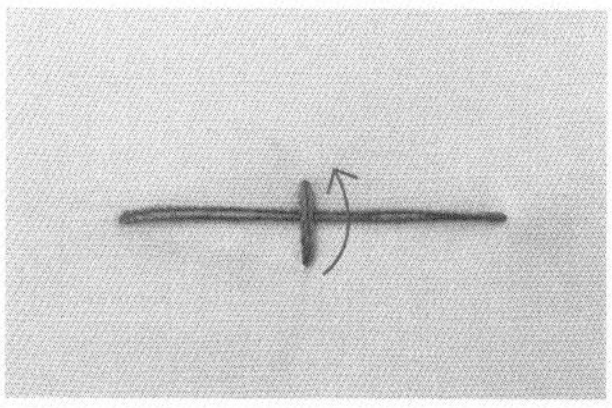

4 縫い目から1cm上に十字に針を入れる。

巻きかがり

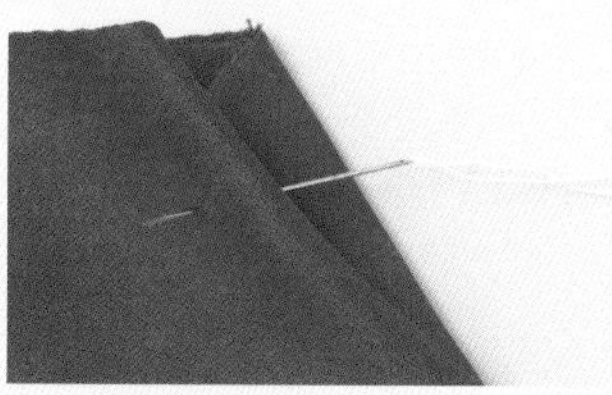

1 布の内側から針を刺して表に出す。

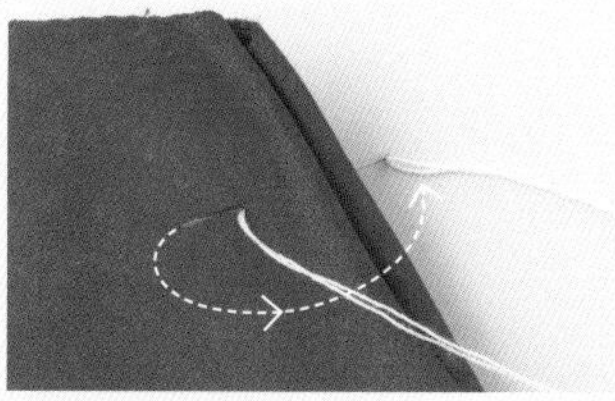

2 布端を巻くように布の裏から針を刺して、1の位置に出す。

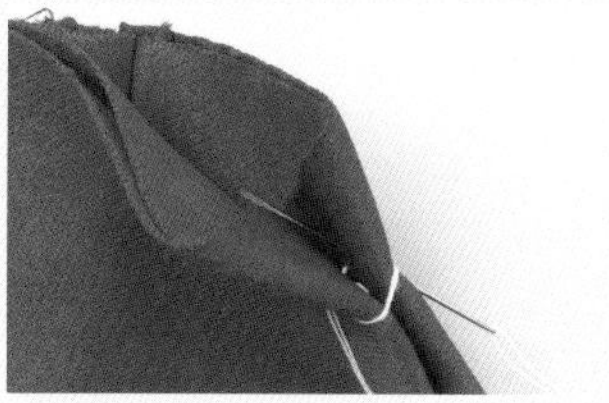

3 もう一回、布の裏から針を刺し、布の内側に出す。

4 糸を引き締めて内側で玉結びする。

Section1 和らく会流・作り帯の基本！

一重太鼓の作り方

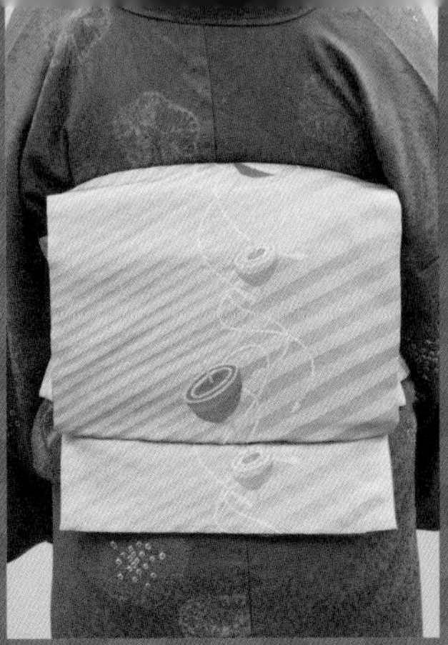

胴回りを半分に折った名古屋仕立てや京袋帯、手先だけ半分に折った松葉仕立ても作り方は一緒。帯幅を広めに作り替えることもできます！

用意するもの

- 名古屋帯（長さ：約3.2～3.9m）
- 装着用のひも(2cm幅／長さ：胴回り+40cm) 1本
- 洗濯用ピンチ10コくらい
- ものさし
- メジャー

1 帯幅と作り帯を装着する人の胴回り（帯を締めたときの帯の下線の位置・写真の点線）をはかる。帯の長さとP17を参照にしてお太鼓の大きさを決める（本書は36cm）。

※計測位置をわかりやすくするため、撮影用に帯板を付けています。

2 1で計測した胴回りと帯幅からA～Dの位置を決め、目印のピンチをとめる。開き仕立ての帯や京袋帯は帯を縦に外表に二つ折りにする。

〈展開図〉

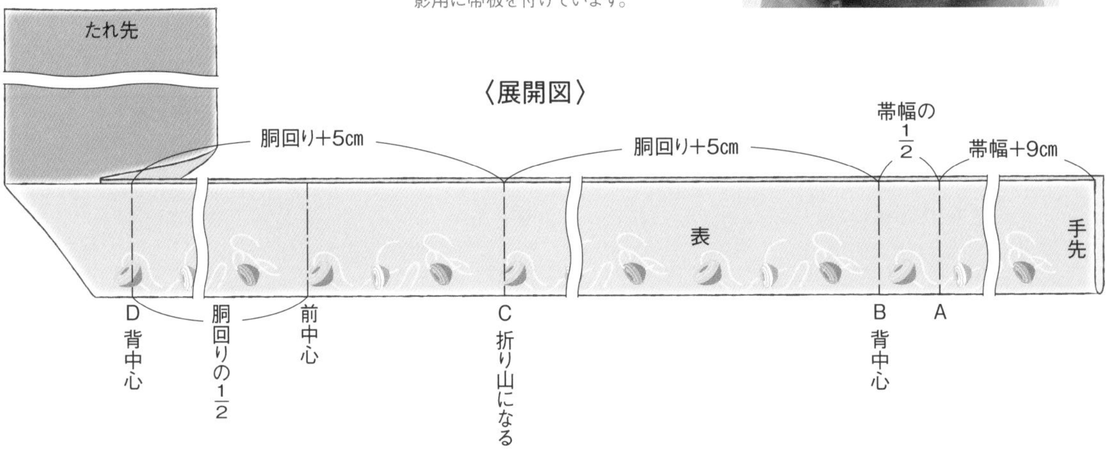

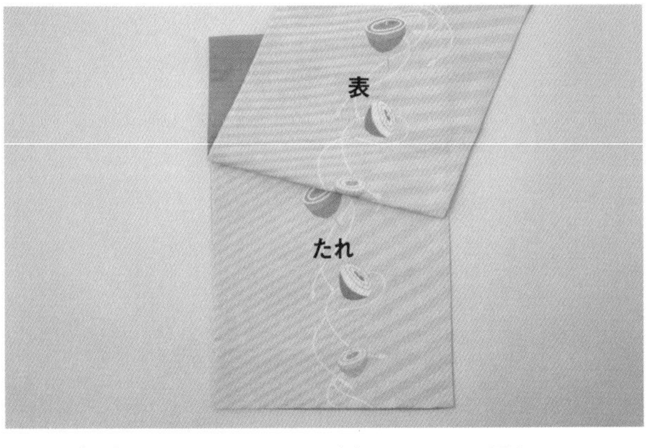

3 帯の表を上にして、たれ側を正面にして置く。

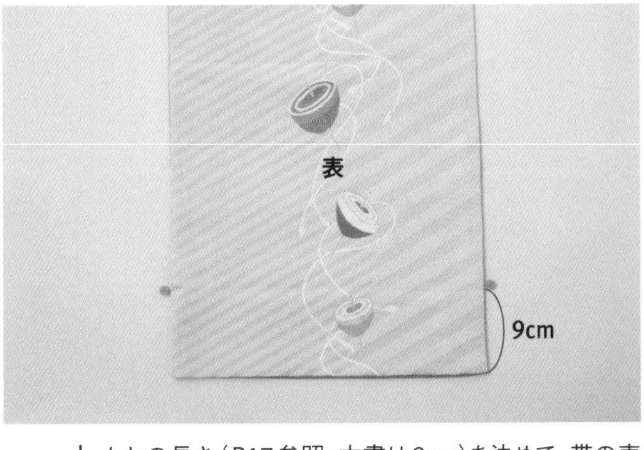

4 たれの長さ（P17参照：本書は9cm）を決めて、帯の表側にまち針を打つ。

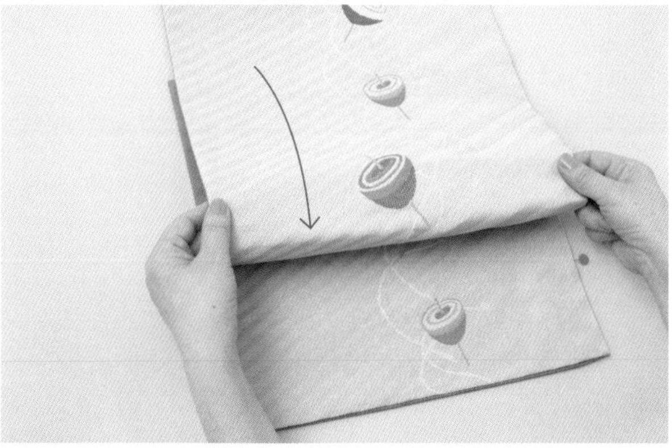

5 お太鼓にする部分を、出したい柄のところまで引き下げる。

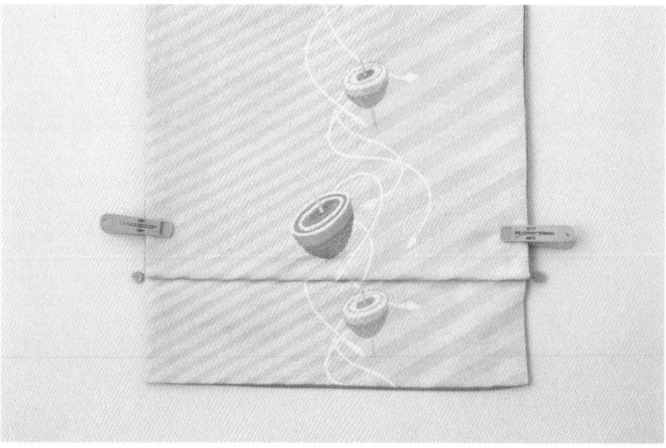

6 お太鼓の柄が決まったら、下線を4のまち針に合わせてピンチで仮どめする。

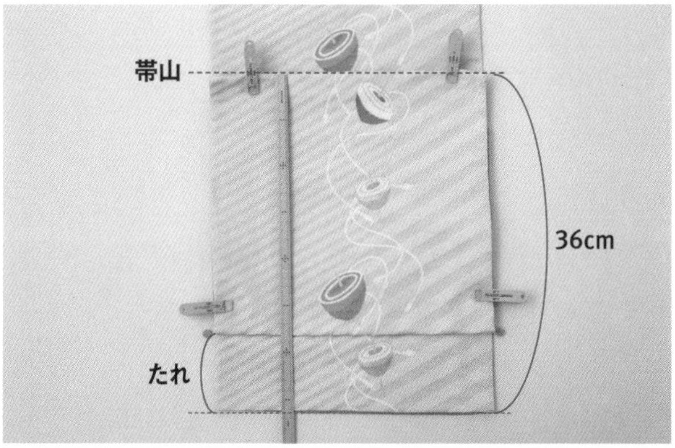

7 ものさしを置いて帯山の位置（たれから36cm上）を確認し、ピンチで仮どめする。

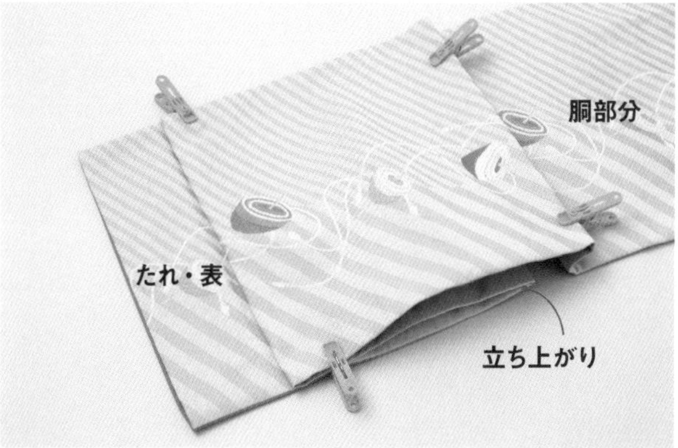

8 お太鼓の大きさ、柄の出方が決まる。お太鼓の下の余分が立ち上がりになる。

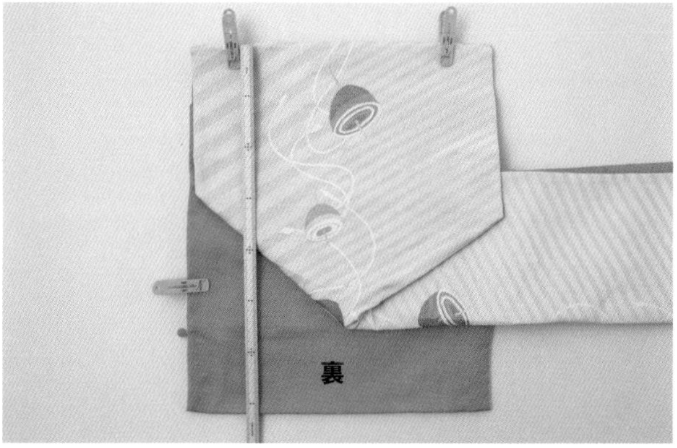

9 帯を裏に返して、帯山の位置を確認する。

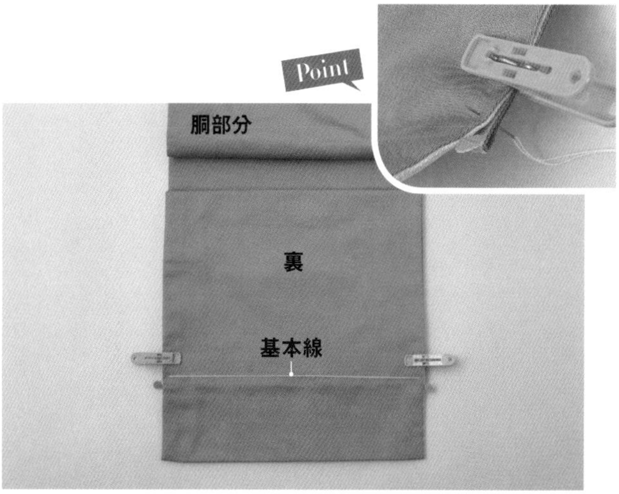

10 お太鼓部分をめくり上げる。右端のまち針の1cm上に表から針を入れて左端まで、しつけ糸で一直線に基本線の印をつける。

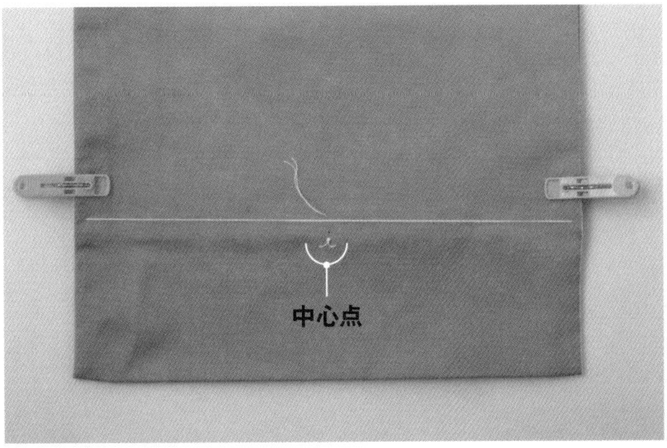

11 | 基本線の中心に玉どめで中心点の印をつけて、まち針をはずす。

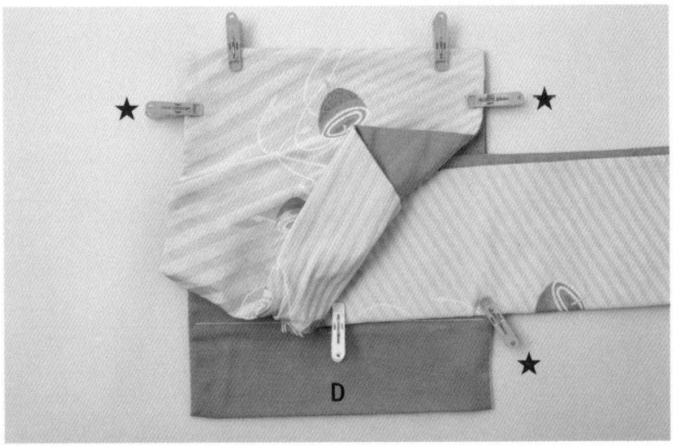

12 | 胴部分を基本線まで引き下げて中心点にP18展開図のDを重ね、11の左右の仮どめのピンチをはずし、★3ヵ所をピンチで仮どめする。

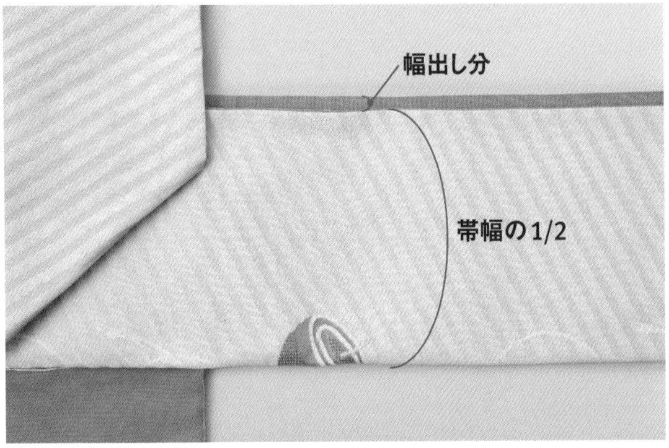

13 | 開き仕立ての名古屋帯や京袋帯は帯幅を広めにしたい場合、帯をずらして折って幅を出す。

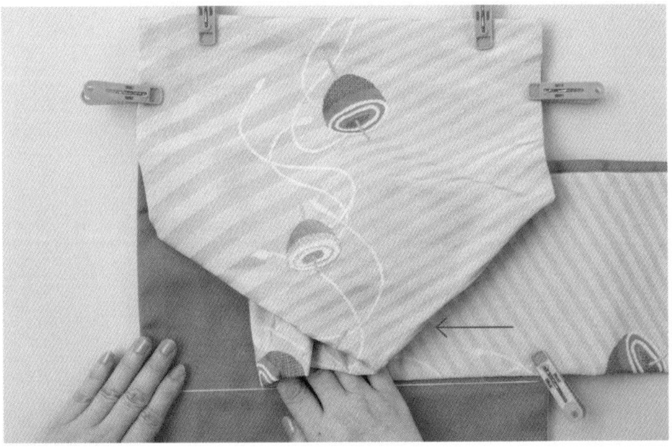

14 | たるみを左側に押し込む。

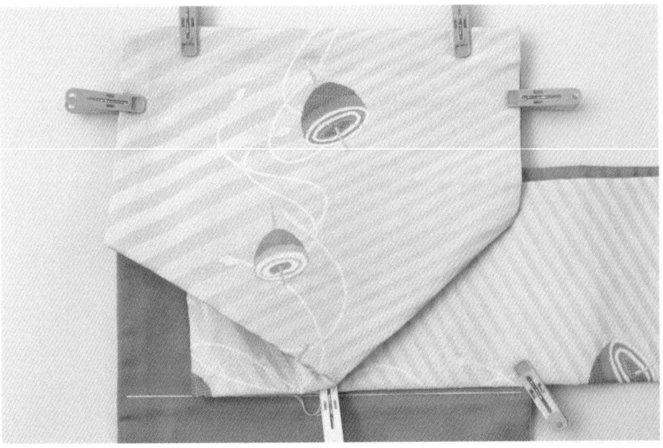

15 | たるみが押し込まれたところ。

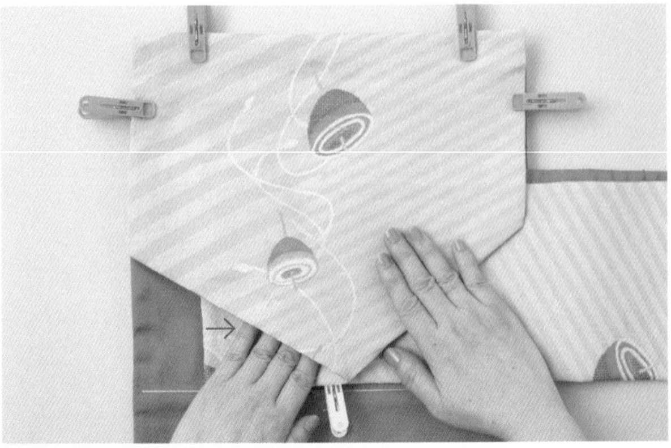

16 | 15でできたたるみを右側に押し込む。

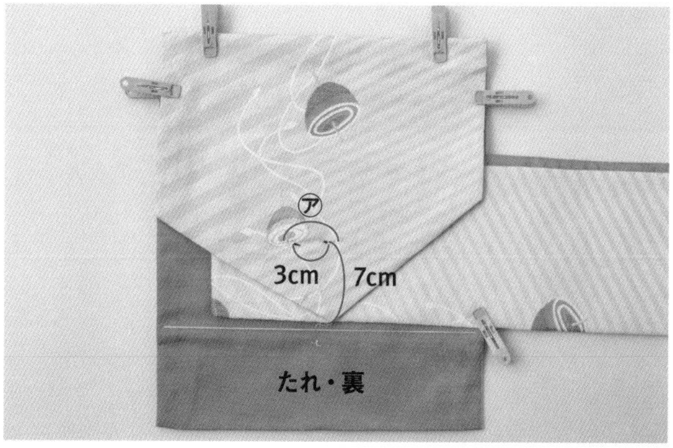

17 中心点から7cm上の㋐を3cm幅の縫い目で、立ち上がりまで縫いとめて、ピンチDをはずす。

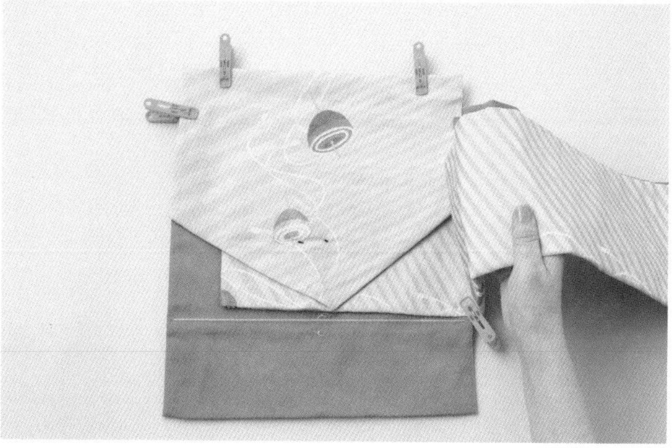

18 胴部分を左側に折り返す。

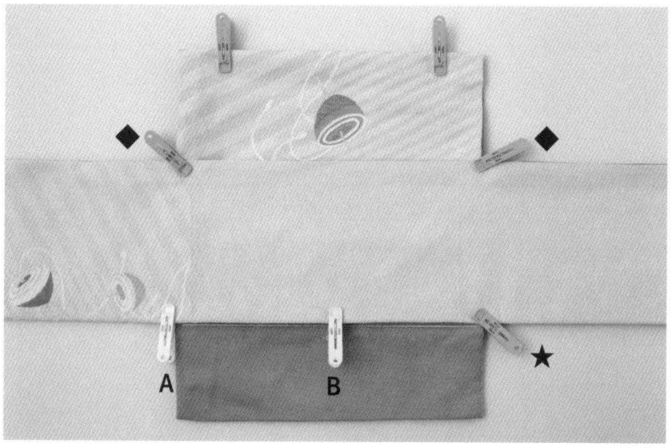

19 中心点に展開図のB、帯の左端にAを重ねる。帯山以外の仮どめのピンチを一旦はずし、◆2ヵ所は胴部分とお太鼓1枚、★は胴とお太鼓部分をとめ直す。

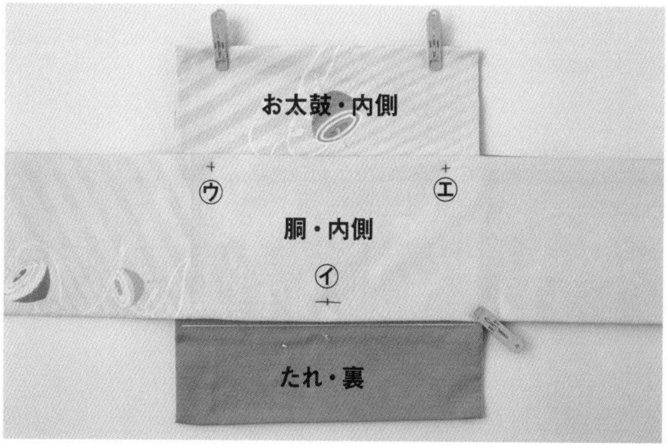

20 下のイラストを参照にして、㋑を飾り十字どめ、㋒と㋓を十字どめで縫いとめる。ピンチA、Bと上側の仮どめピンチをはずす。

Point

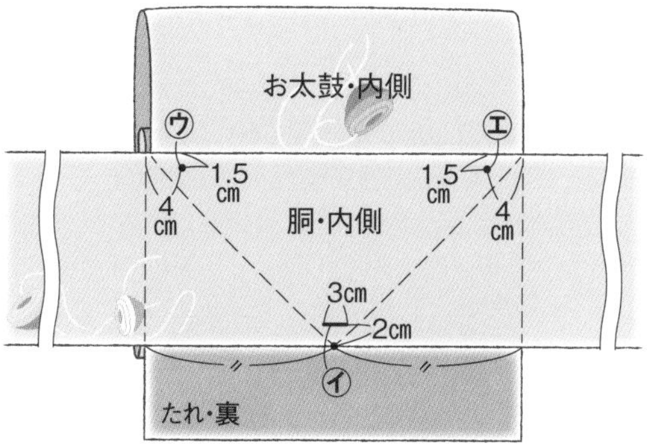

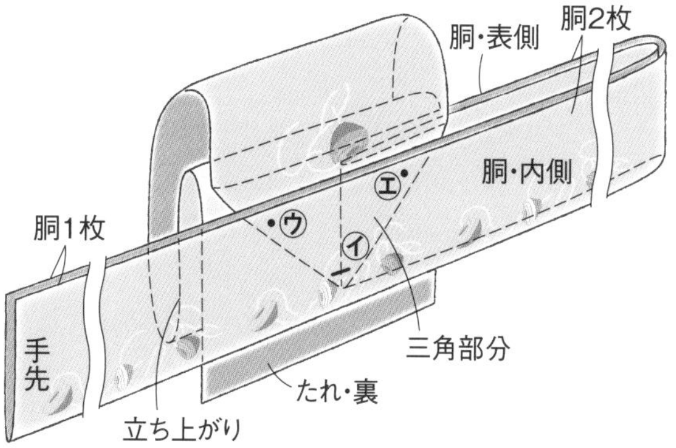

㋑→胴1枚と三角部分を飾り十字どめ。㋒→胴1枚と三角部分を十字どめ。㋓→胴2枚と三角部分を十字どめ。

21 装着用のひもを二等分する。

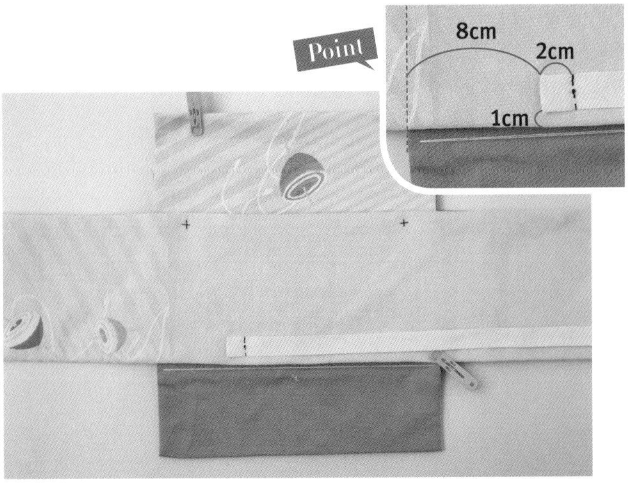

22 ひもを写真の位置に置き、ひも端から2cmのところでひもと胴を4目ほどで縫いとめる。

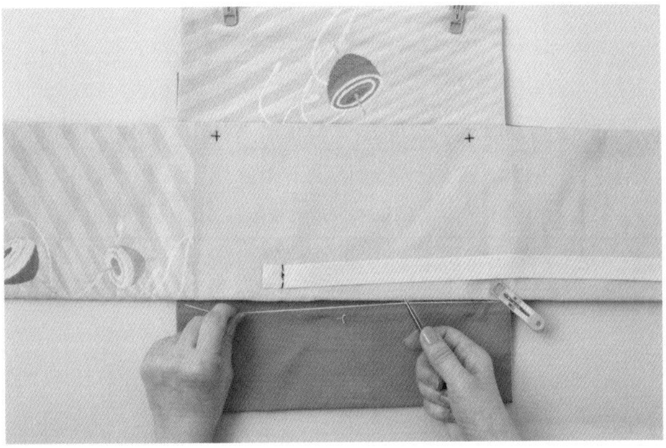

23 基本線のしつけ糸を切る。

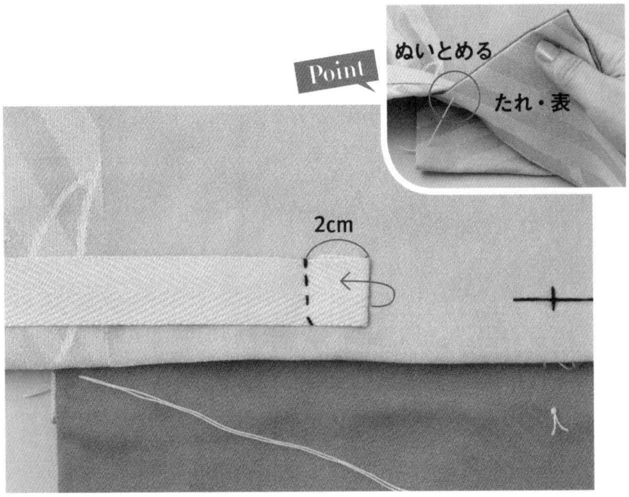

24 ひもを折り返し、折り山から2cmのところでひもと胴、たれを4目ほどで縫いとめる。

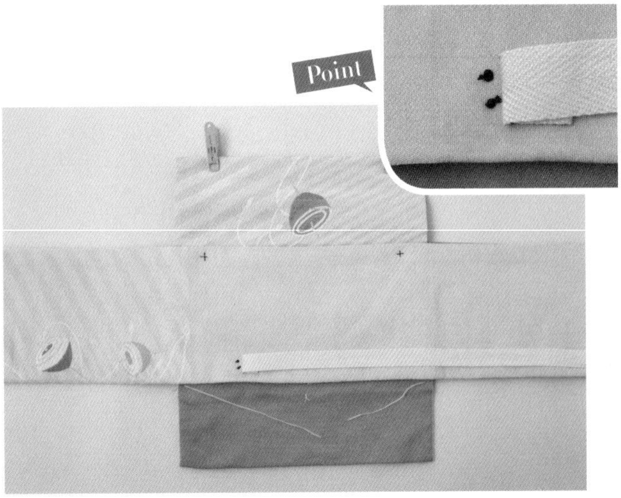

25 ひもを折り返して、根元のところで胴から立ち上がりまで1目で縫いとめる。

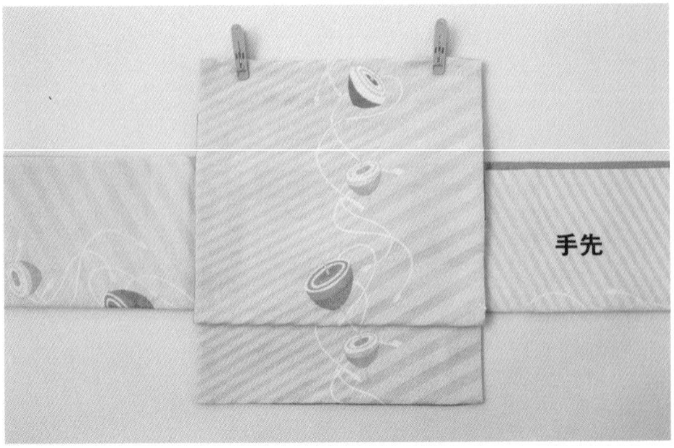

26 帯を表に返す。

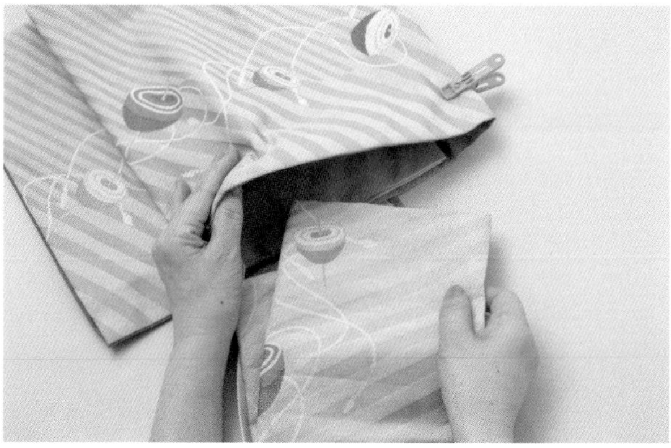

27｜お太鼓の中(立ち上がりの上)に手先を通す。

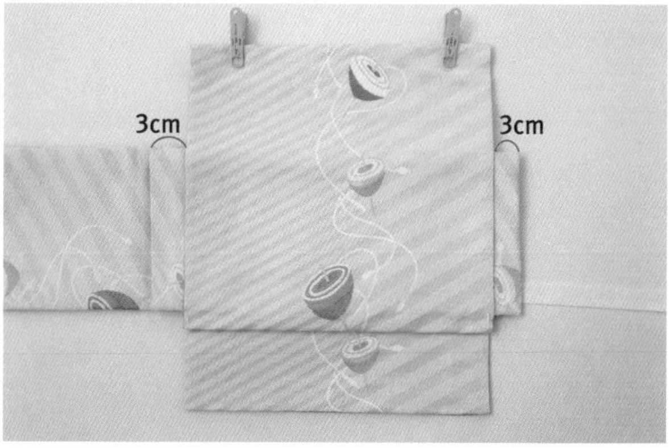

28｜手先の両端をお太鼓から3cm出す。

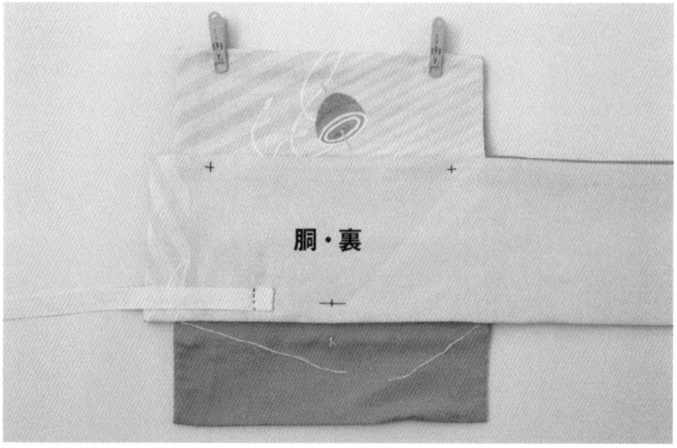

29｜帯を裏に返す。

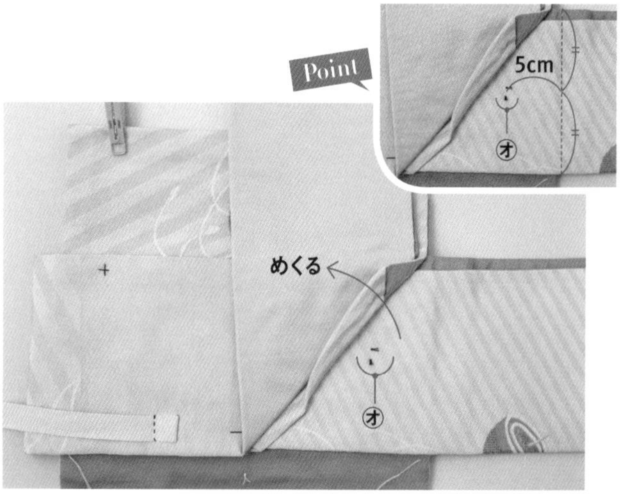

30｜胴部分をめくり、㋔を胴から手先まで1目で縫いとめる。

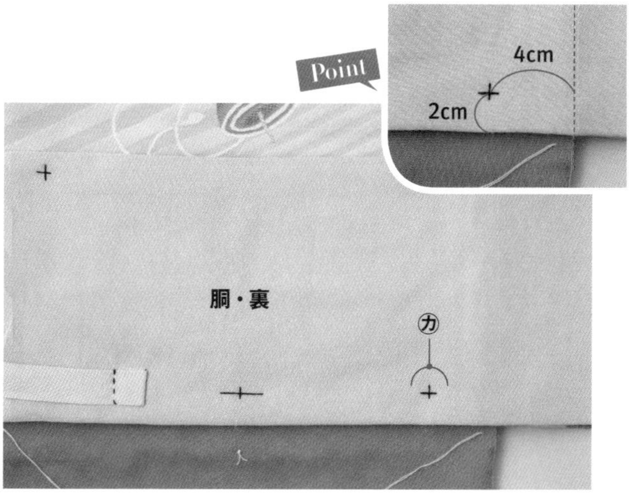

31｜めくった胴部分を元に戻して、㋕で胴2枚を十字どめで縫いとめる。

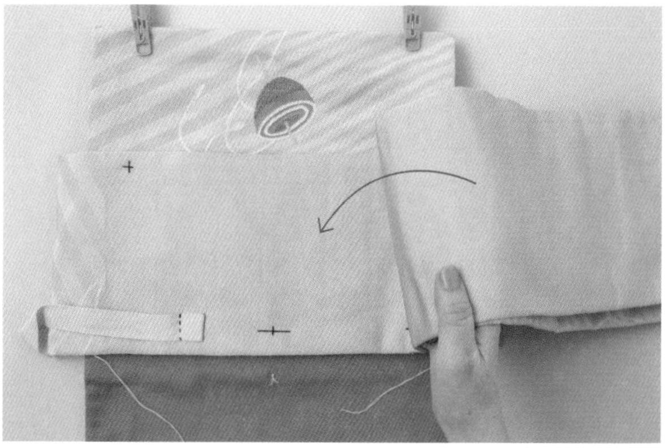

32｜胴部分を左側に折り返す。

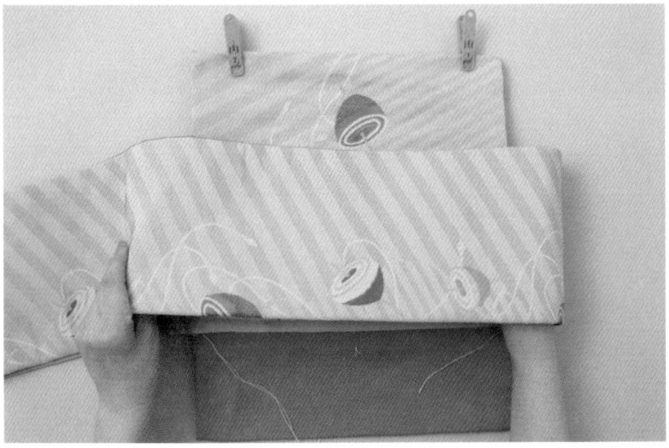

33 | 折り山に右手を入れて、左手で胴部分を引っぱる。

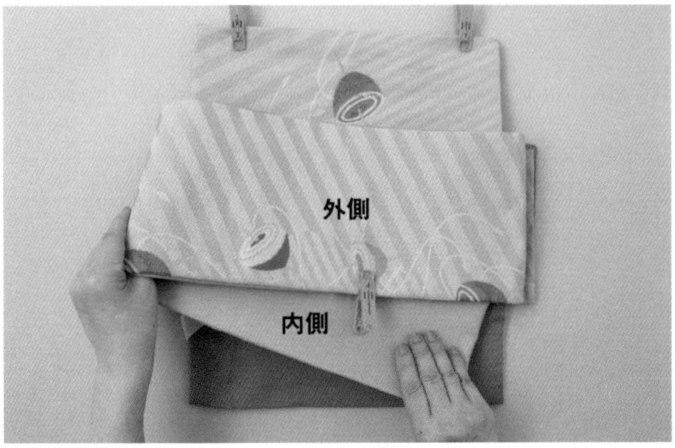

34 | 左側を内側に折り、右手で引っぱりながら外側にゆるみを作ってピンチで仮どめする。

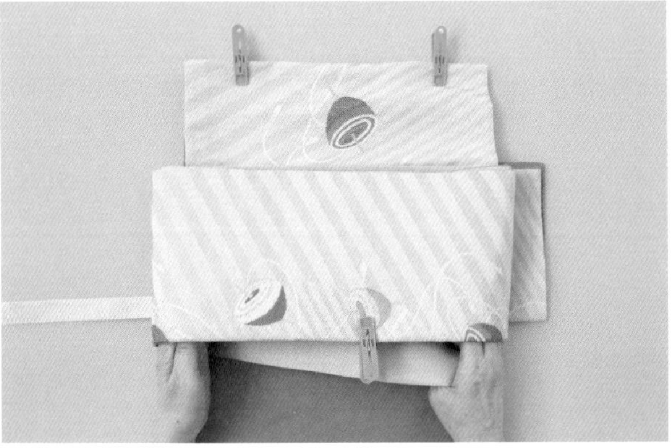

35 | 左右の折り山に手を入れて、外側のゆるみを均等にする。

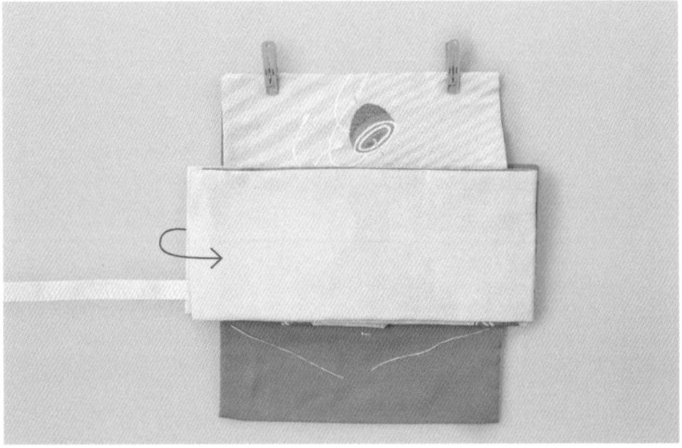

36 | 胴の端を上に折り返し、ピンチをはずす。

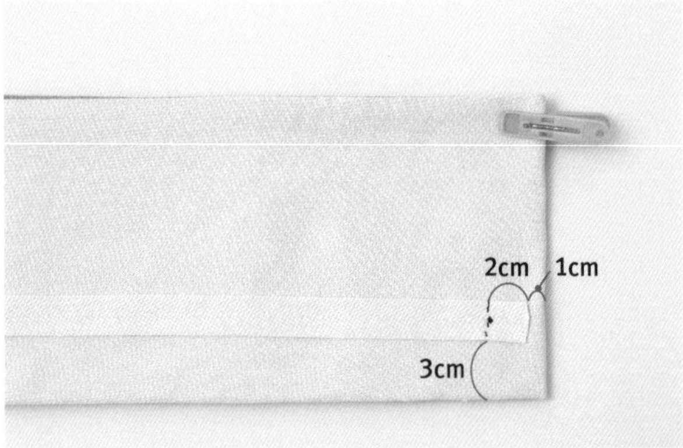

37 | 折り返した胴部分のゆるみがずれないように上端をピンチで仮どめする。ひもを置き、端から2cmのところでひもと胴の上1枚を4目ほどで縫いとめる。

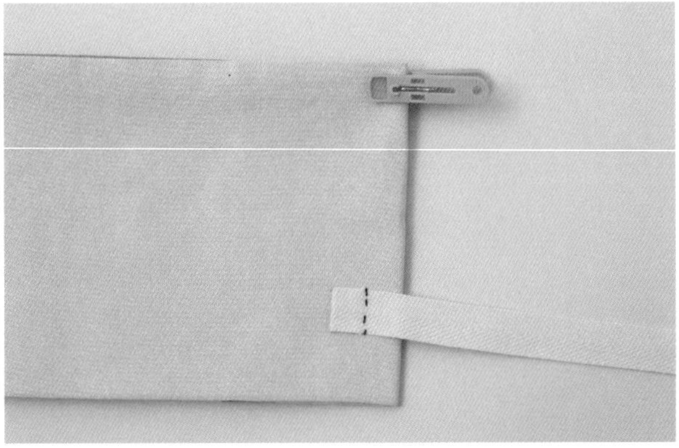

38 | ひもを折り返して、折り山から2cmのところでひもと胴2枚を4目ほどで縫いとめる。

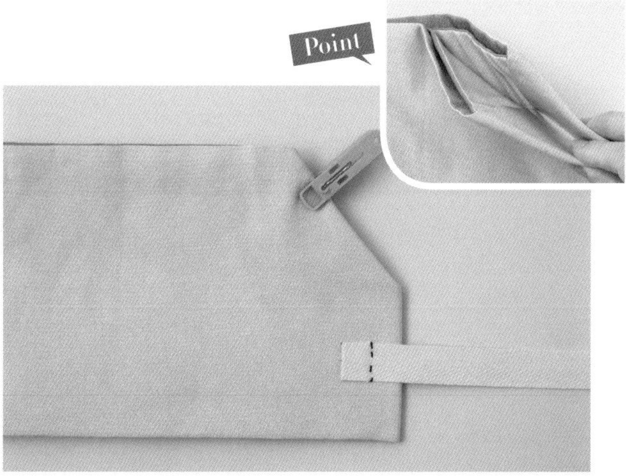

39 上端を内側に折り込む。

40 内側から針を入れて、2目の巻きかがりで縫いとじる。

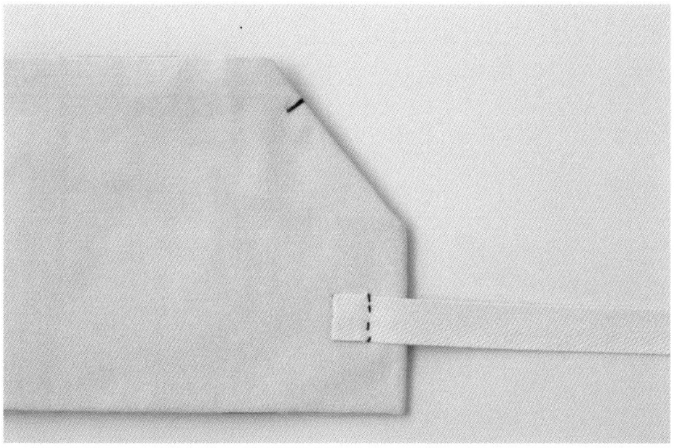

41 縫いとじたところ。

42 ひも端を三つ折りぐけする。

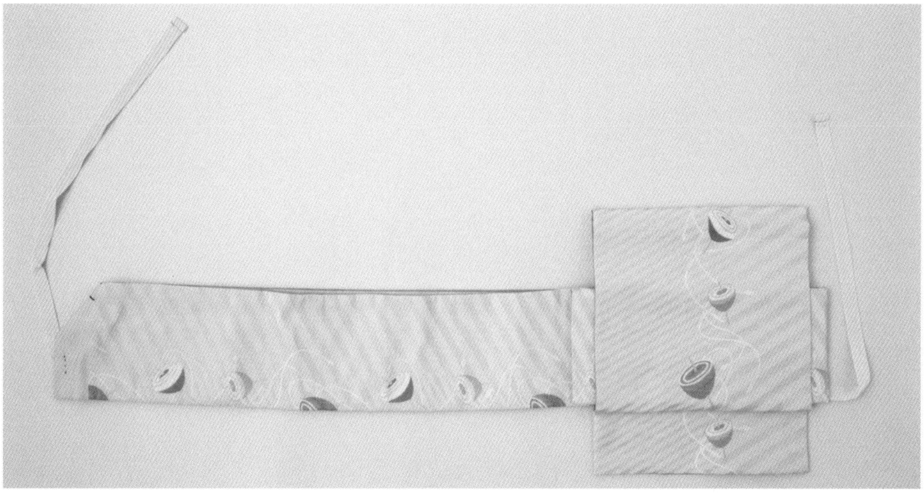

43 できあがり!

お太鼓帯のたたみ方

胴部分とたれを折りたたんでコンパクトに。重ねて収納できます！

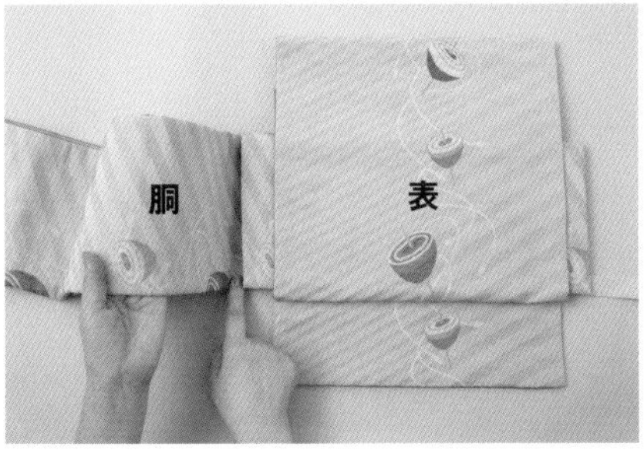

1 表を上にして、お太鼓の左端に人差し指を置く。

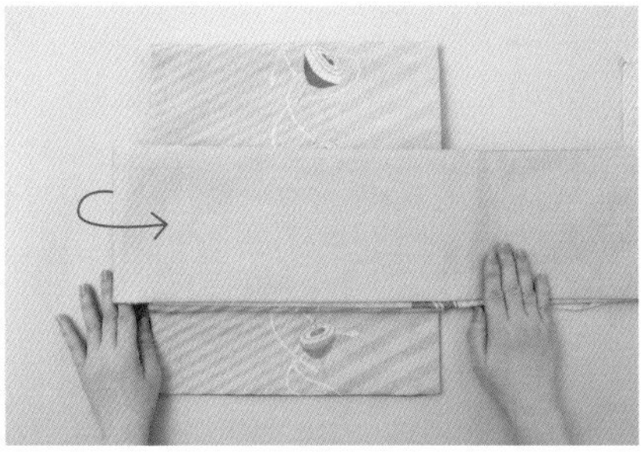

2 胴部分をお太鼓の上に折り上げる。

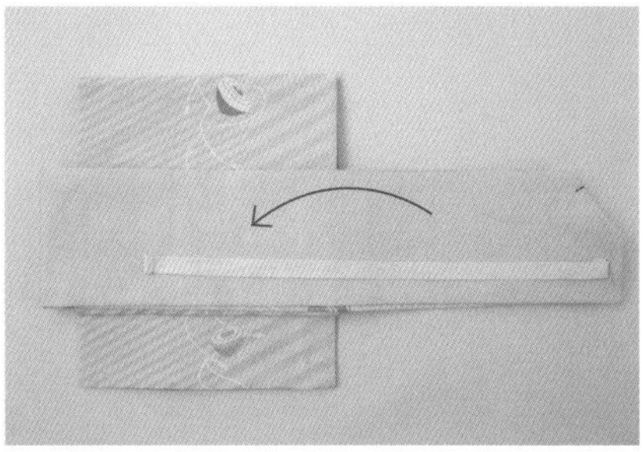

3 ひもを胴部分にのせて、左側に折り返す。

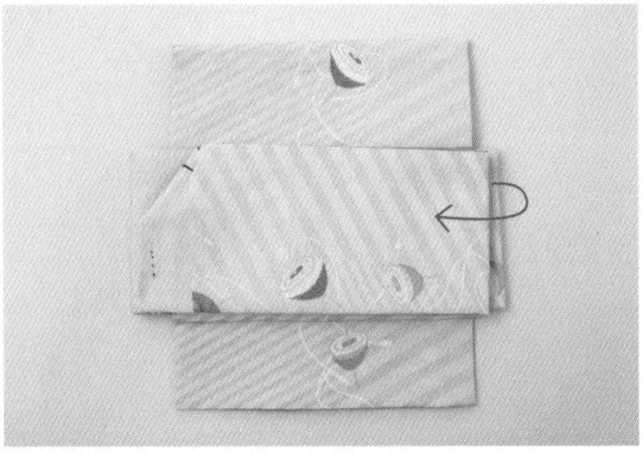

4 **2**～**3**をくり返して、残りの胴部分を折りたたむ。

5 折りたたんだ胴部分をお太鼓の中に入れる。

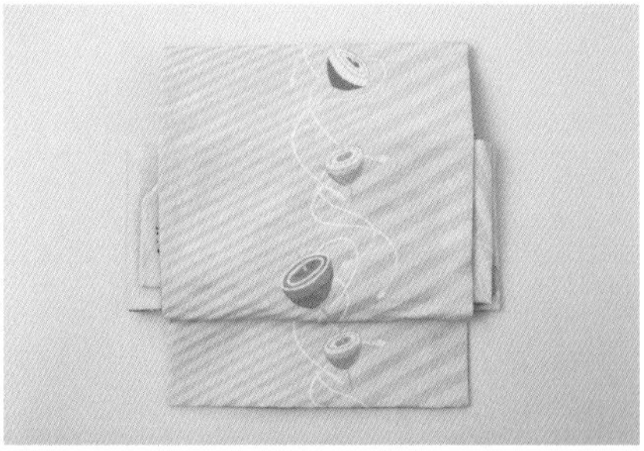

6 お太鼓の中にきれいに収まったところ。

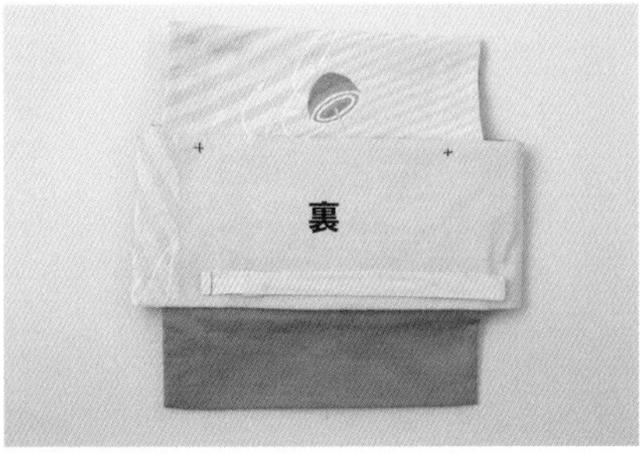

7 帯を裏に返し、ひもを胴部分にのせる。

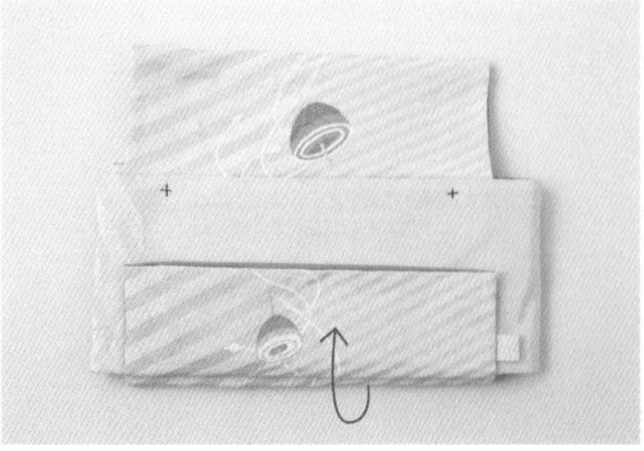

8 たれを折り上げる。

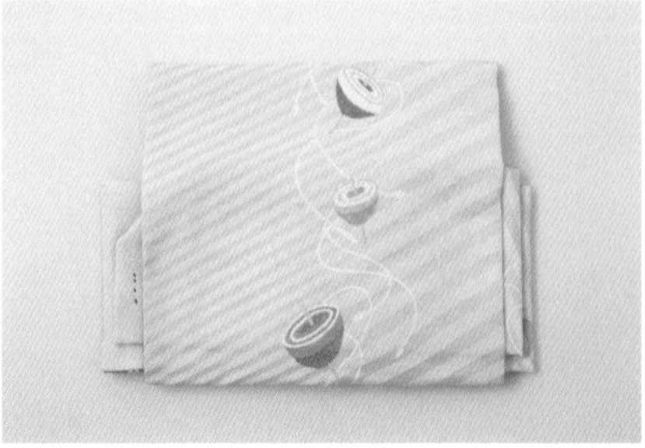

9 できあがり。表に返したところ。

柄出し　サイズ

自分好みの作り帯を作るコツ

基本の作り方にひと手間かけるだけ。柄の位置や胴部分の長さを自由に調整できます！

前帯の柄出し

P18、P36、P48の展開図の背中心Dを出したい柄の位置にずらすだけで、前帯の柄をアレンジできます。

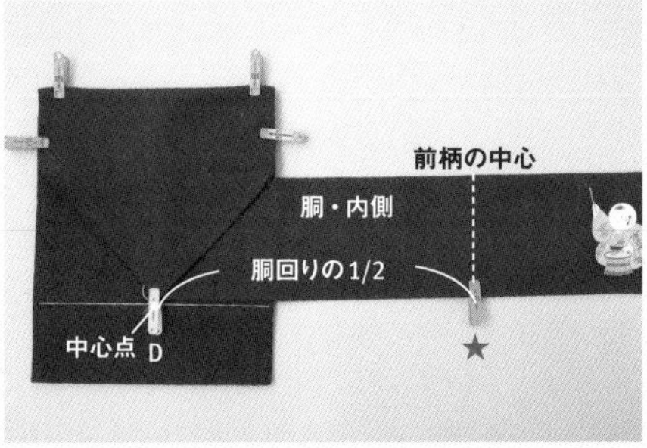

1　基本のDの位置で決まる前柄の中心は★ピンチの位置になる。

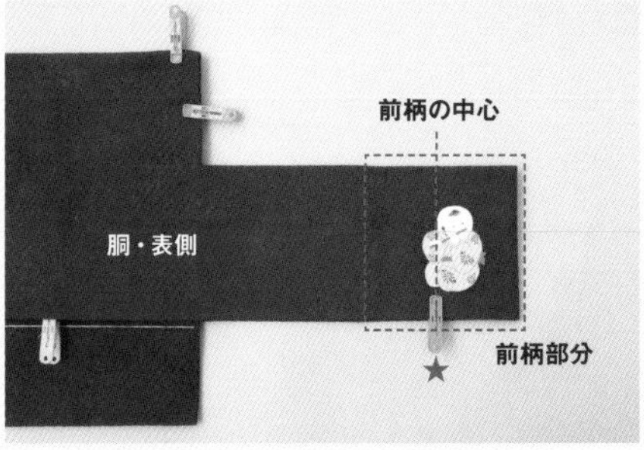

2　胴部分を表に返して柄を確認し、出したい前柄の中心に★ピンチをずらす。

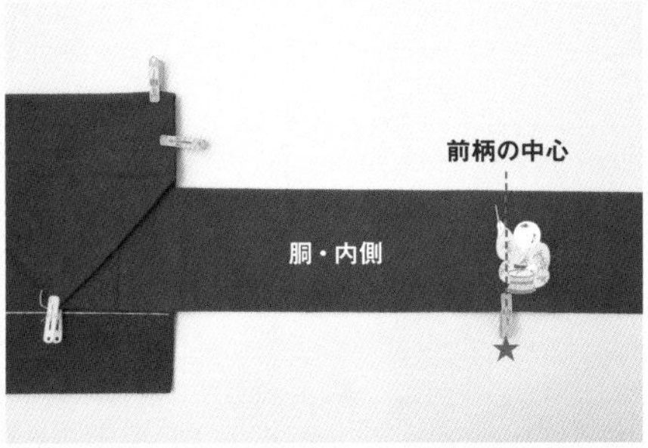

3　胴部分を裏に返す。

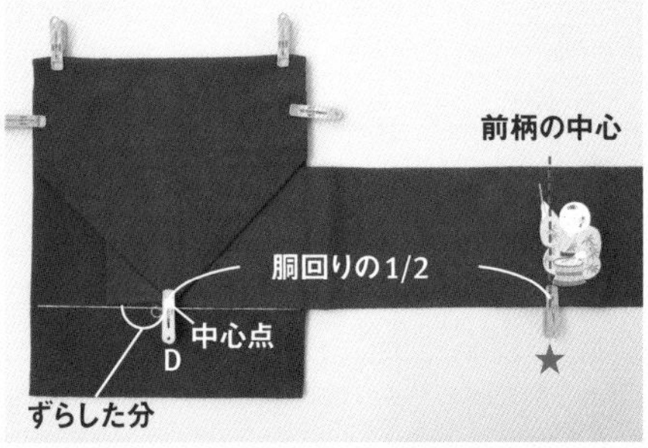

4　★ピンチの位置から胴回りの1/2の位置にDをずらし、Dを中心点に重ねる。

前柄アレンジ

帯留めと柄のバランスも楽しめます！

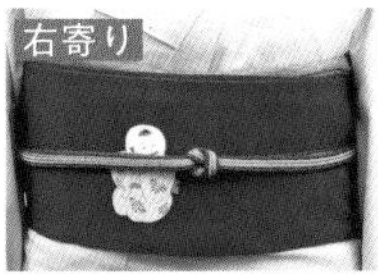

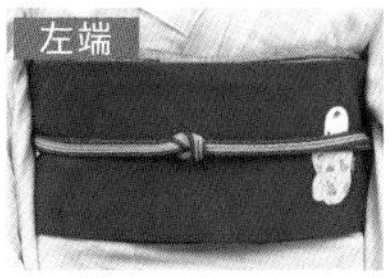

胴部分が長すぎるとき

展開図通りに作ると胴部分が自分の胴回りより長くなってしまうときは、お太鼓の裏か胴の端で調整します。

●お太鼓の裏で調整する

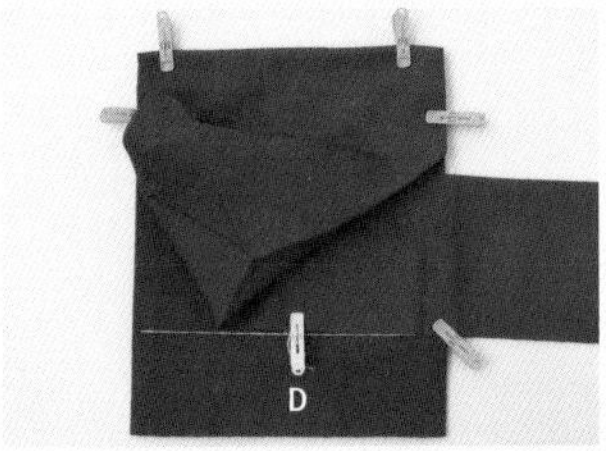

1　Dを中心点に重ねたとき、胴部分がすごく余った状態。

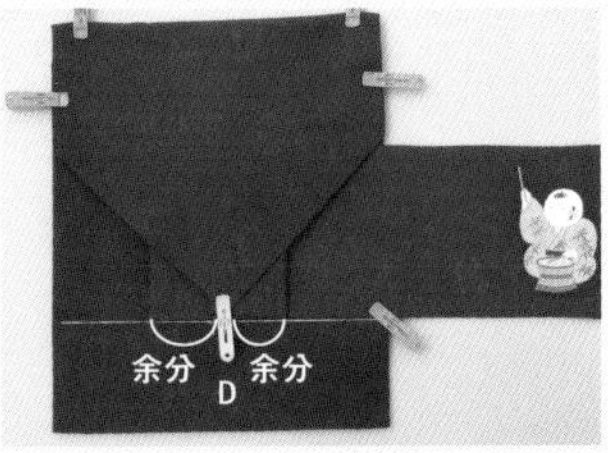

2　P2012～15の手順で余分を中心点の左右に折りたたむ。

●胴の端で調整する

1　ピンチの右側が胴回りより長い。

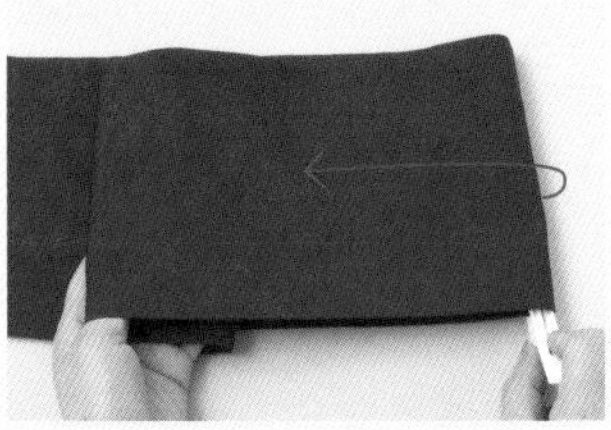

2　余分を左側にずらす

3　ずらした余分を右側に折りたたみ、ピンチで仮どめする。

4　折りたたんだ余分を縫いとめて、ひもを縫いつける。

帯が短いとき

胴の端に足し布をすると、最長13cmまでは胴部分を伸ばせる。

お太鼓帯の装着

一重太鼓、二重太鼓ともこのやり方で装着します。慣れたら3分で完了！

用意するもの

- お太鼓帯の作り帯
- 薄手のフェイスタオル
- 帯板
- 帯揚げ
- 帯締め
- 帯枕
- ヘアゴム（本書ではP16飾りつきヘアゴムを使用）

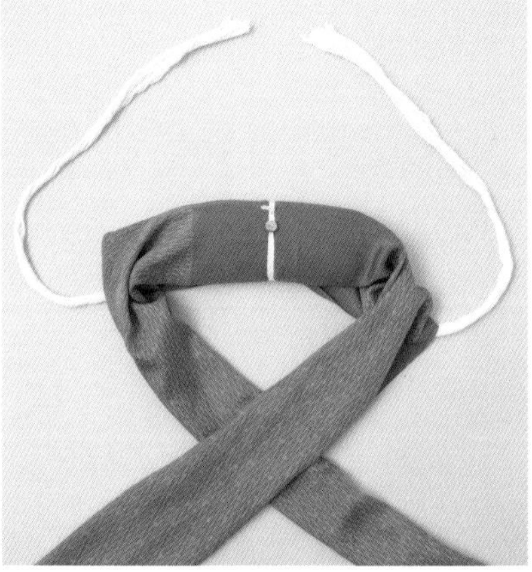

1 帯枕を帯揚げでくるんで、中心をヘアゴムでとめる。

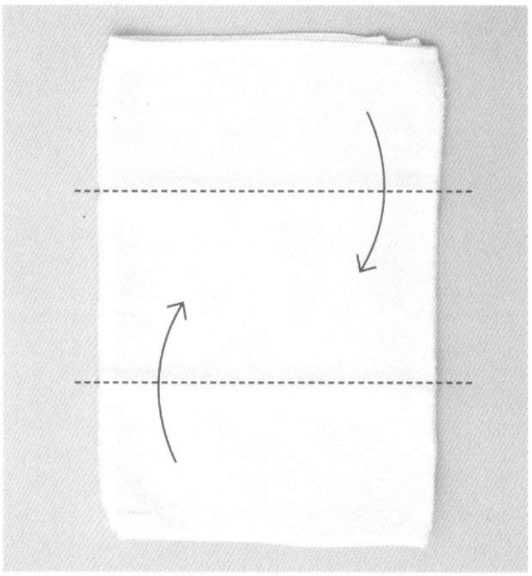

2 フェイスタオルを縦に四つ折りにしてから、横に三つ折りにする。

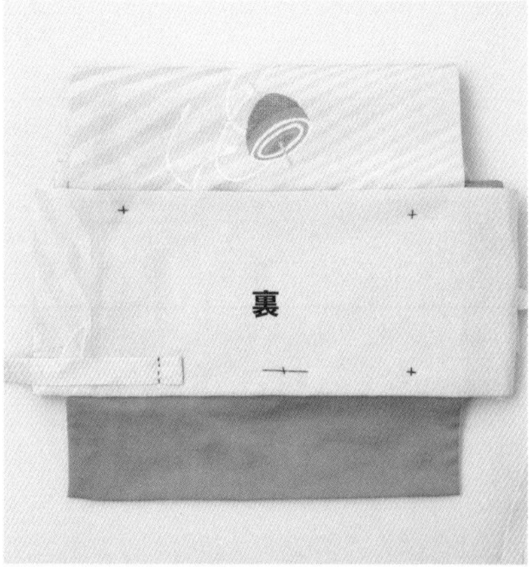

3 帯をP26 7の状態にたたむ。

4 お太鼓・裏の胴部分のポケット状のところに2のタオルを入れる。

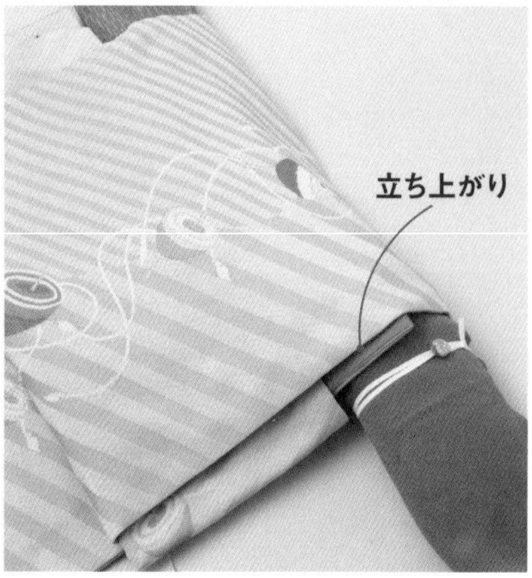

5 帯を表に返し、立ち上がりの下に1の帯枕を通す。

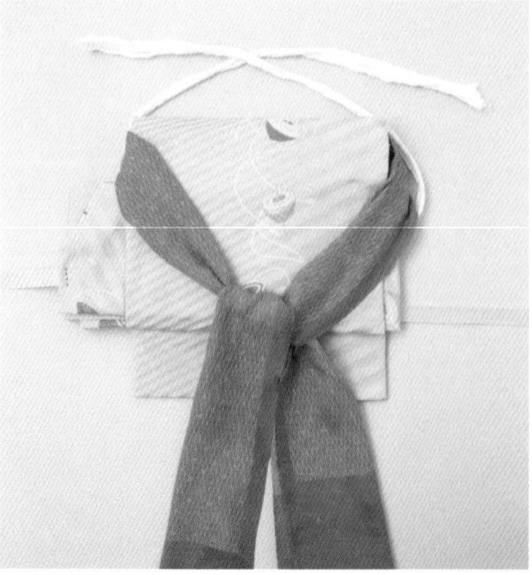

6 お太鼓の上で帯揚げを仮結びする。

7 帯の表を正面にして帯山を持つ。ゴムベルト付きの帯板を使用する場合は装着する。

8 帯を背中に当てて帯の位置を決め、密着させる。

9 帯枕のひもと帯揚げを仮結びする。壁に背中を押し当てながらやると帯がずれない。

10 帯揚げと帯枕のひもを仮結びし、帯を仮装着する。

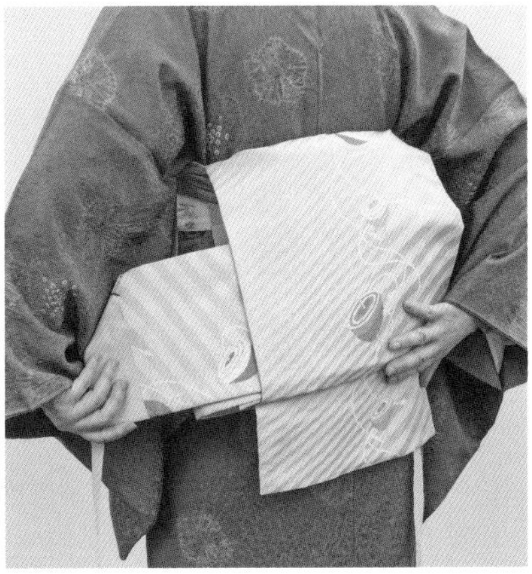

11 お太鼓の中から胴部分をゆっくり引き出し、胴に巻いていく。

12 正面に巻いたら帯板を入れて、背中に巻いていく。

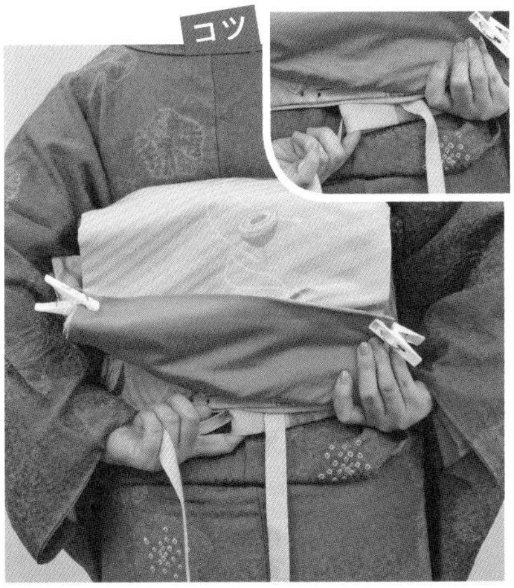

13 胴の端を左手に持ちかえて折り山に指を入れ、右手でお太鼓とたれと手先を持ち、左右に締める。

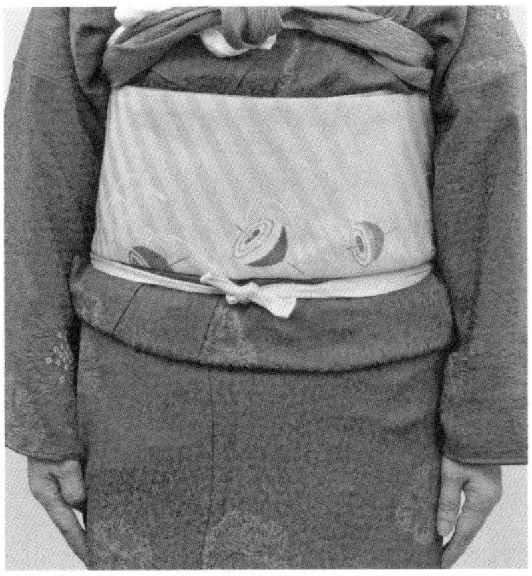

14 装着用のひもを正面に回して、帯下でリボン結びする。

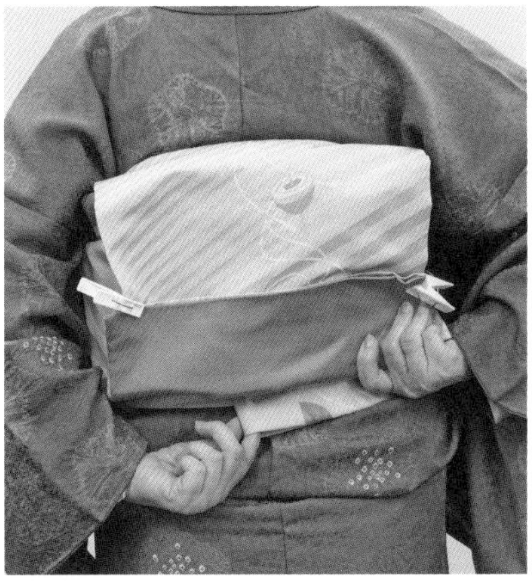

15 ひもを結んだまま、13と同様に左右に締めて、二度締めする。

※13と15は撮影用にたれとお太鼓をピンチでとめています。

16 ひものゆるみ分が出るので、結び直して帯の下に入れる。

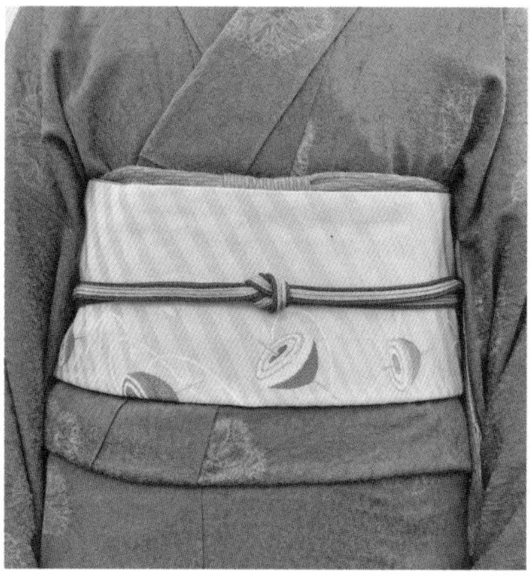

17 帯揚げと帯締めを結ぶ。

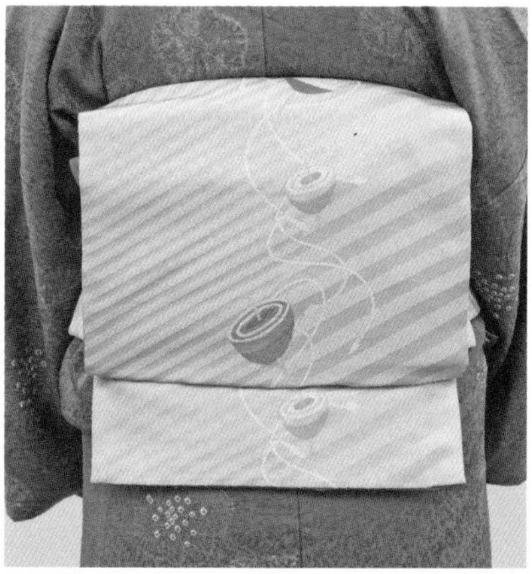

18 できあがり！

覚え やすい! かんたん・ゆるまない帯締めの結び方

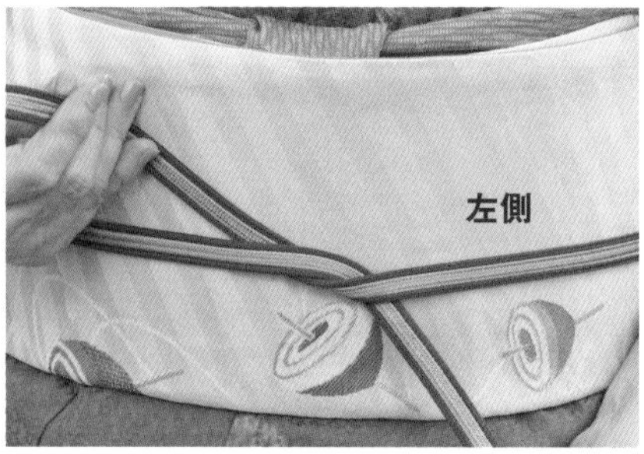

1 左側を上にして交差させ、左側を下から上にくぐらせてひと結びする。

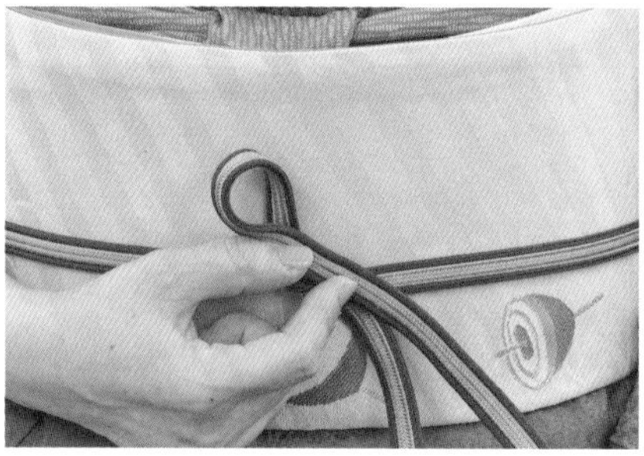

2 結び目の上に出た側で輪を作り、ゆるまないように結び目を押さえる。

3 反対側の房を輪の中に入れる。

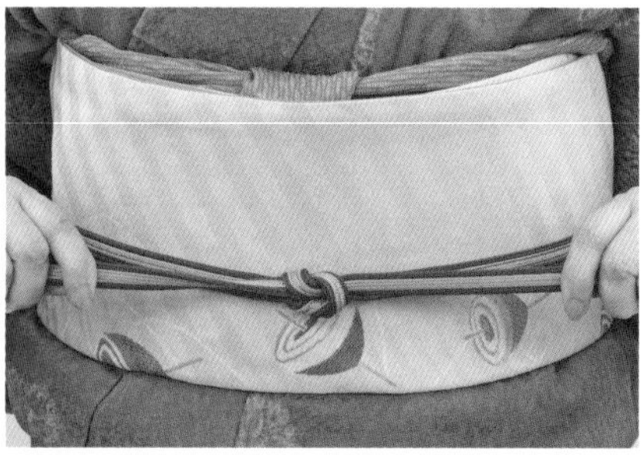

4 結び目を指で押さえながら左右に引き、ゆるまないようにぎゅっと締める。

5 結び目の輪が左側にくる。

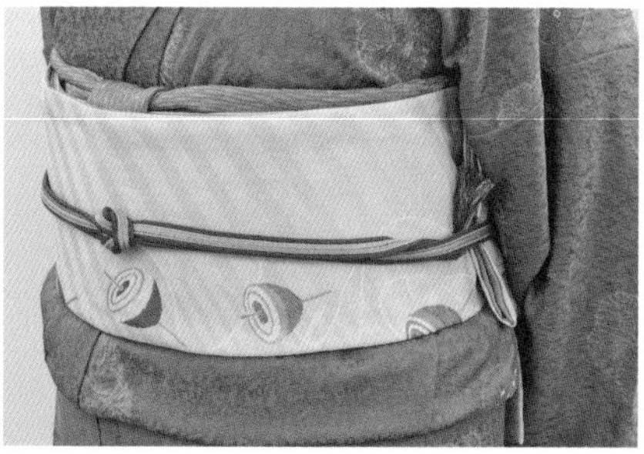

6 上と下の帯締めをきれいに重ね、房は上に向けて脇にはさむ。

和らく会流

すっきり美しい帯揚げの結び方

1 帯揚げを広げ、折り山を上にして三つ折りにする。

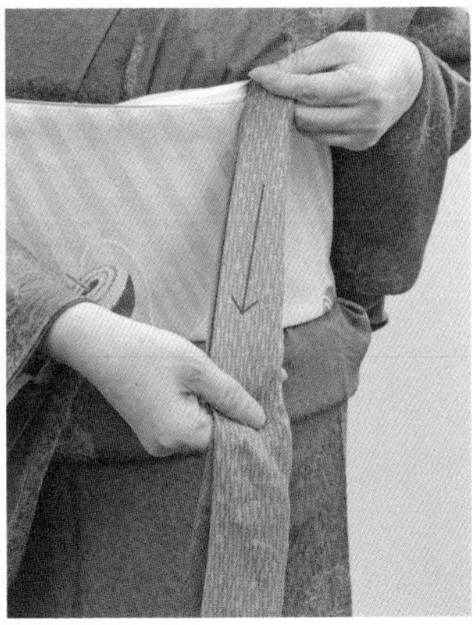

2 折り山を上にして二つ折りにする。脇からゆるみをしごいて形を整える。

3 わを上にして左側を上にして交差させる。

4 左側を下から上にくぐらせてひと結びする。

5 上下にまっすぐ引く。

6 下側を帯と着物の間に入れ込む。

7 上側を人さし指と親指を開いた長さになるように、内側に折る。

8 帯と着物の間に入れ込む。

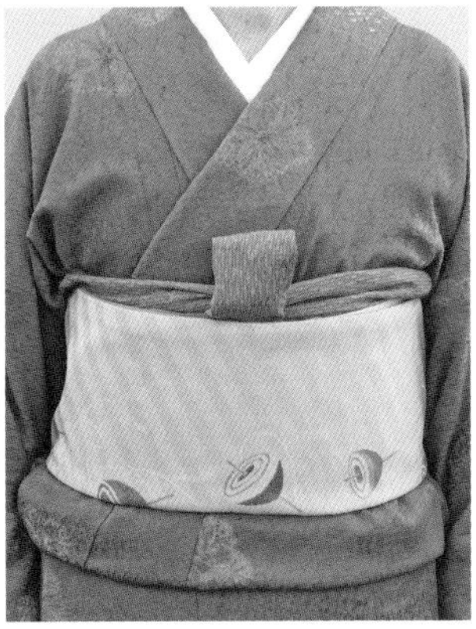

9 折り山から約5㎝分は残す。

10 残した分を帯枕のひものうしろに入れ込む。

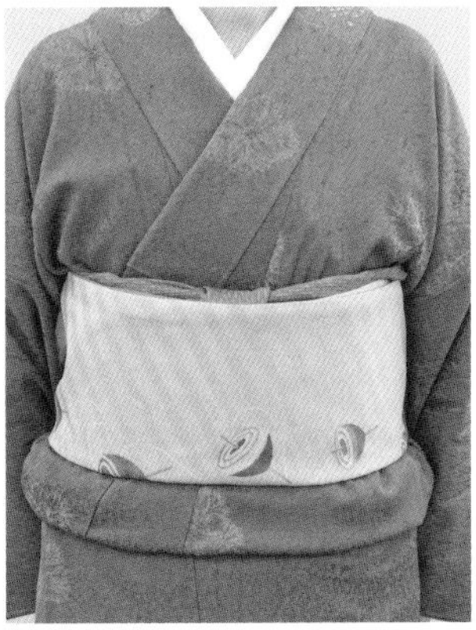

11 完成。ボリュームを押さえてすっきり。

Section2

袋帯で作る二重太鼓の作り帯

名古屋帯よりも長さがあり、作り帯でも二重太鼓や変わり結びが楽しめる袋帯。金糸銀糸や箔を用いたフォーマル用と、軽めの訪問着や紬、小紋などに合うしゃれ袋帯に大別されます。“タンスの肥やし率”が高い袋帯も作り帯にして、どんどん着物でお出かけを！

マイサイズに仕立てた作り帯が
盛装を美しく引き立てます。

古典四季花と飛鶴模様の柄行の訪問着に金糸銀糸も華やかな織りの袋帯は、晴れの日にふさわしい装い。「フォーマルの出番は年に何度もありませんが、タンスに眠っていても作り帯は崩れることはないので安心です」（桑山奈津子さん／和らく会講師）

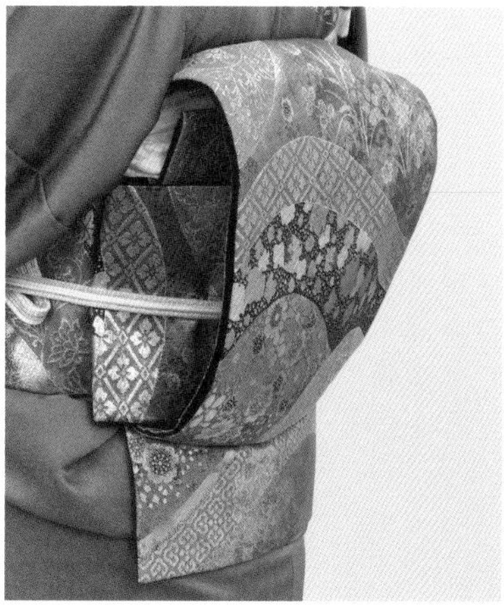

たれとお太鼓の柄合わせも美しく。フォーマル仕様なのでお太鼓は少し大きめです。

「フォーマル着物も自分で着付けができると、当日は自宅からゆっくりと出かけられますので、本当に楽ですよ」

日本画家・加山又造が描く優美な鶴の飛翔。「初めて着たのは姉の還暦祝い。おめでたい柄ですのでお祝いの席に重宝しています」

家族の節目のイベントは
母は帯で格を上げて、堂々と。

帯は大正時代の丸帯でネットオークションで落札したそう。「逆さ柄なので手結びだったら柄出しが大変ですが、作り帯にするから迷わず落札しました。着物の格を上げてくれる晴れの帯です」。

「顔色が明るく見えるこの着物は、どんなシーンにもなじむお気に入りです。息子の結婚の顔合わせも孫の宮参りもこれ。私の人生で大活躍中です」（西沖令子さん／和らく会講師）

「全通柄なのでどこでも同じ柄ですが、お花の出方は微妙な位置にこだわりました。おわかりになるかしら（笑）」

薄いグリーン地の小紋は帯で格を変えて楽しめます。辻が花の袋帯でセミフォーマルに。「内輪の食事会などでおしゃれに着ます。洋装より断然、着物派です」（新堂富士子さん／和らく会講師）

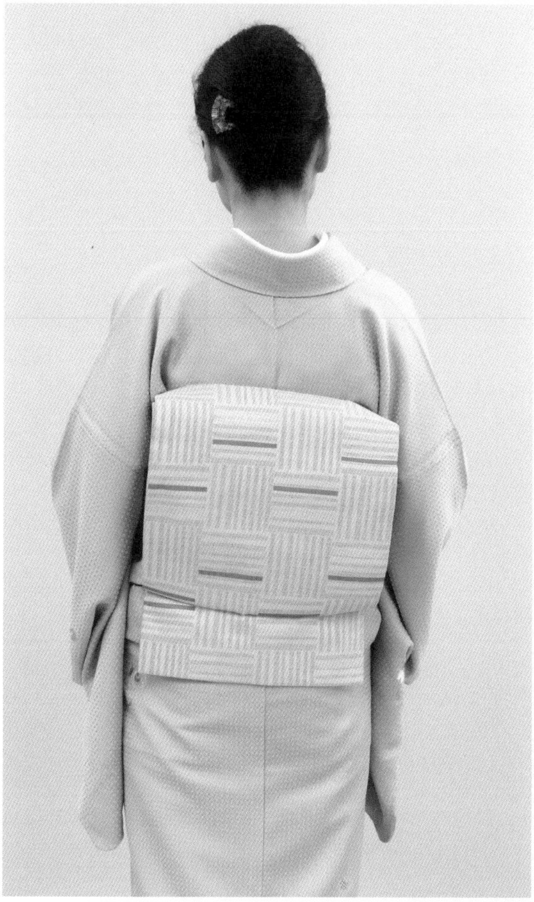

P34（下）と同じ着物で織りの帯にチェンジして、かろやかに。「着物1枚に帯3本といいますが、この着物は帯は何本でもいけますね（笑）」（新堂さん）

透ける帯地に柄は千鳥と波。「薄いベージュ色の帯は黒っぽい着物にも白っぽい着物にもよく合います」

紬の訪問着に美しく透ける紗のしゃれ袋帯。着物を池に見立てて水紋が広がっていくような柄が涼し気です。「浴衣は子供っぽくて苦手という方は、ぜひ夏着物を楽しんでください」（桑山さん）

暑い夏に薄物で涼し気に作り帯は汗もかかずに装着できます。

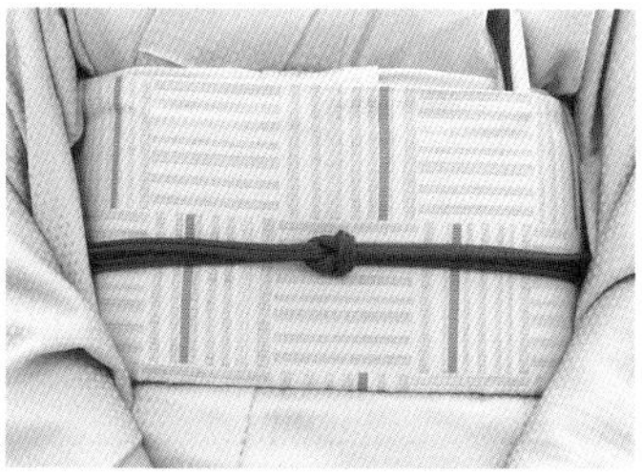

市松柄に金糸を織り込んだしゃれ袋帯にゆるぎ紐の帯締めで印象を引きしめます。

Section2 一重太鼓のアレンジ版！

二重太鼓の作り方

お太鼓柄はもちろん、全通柄や六通柄も出したい部分の柄を出すことができて、たれとの柄合わせも簡単です！

用意するもの

- 袋帯（長さ：4m〜）
- 装着用のひも（2cm幅／長さ：胴回り+40cm）1本
- 洗濯用ピンチ10コくらい
- ものさし
- メジャー

1 帯幅と作り帯を装着する人の胴回り（帯を締めたときの帯の下線の位置・写真の点線）をはかる。P17を参照にしてお太鼓の大きさを決める（本書は38cm）。

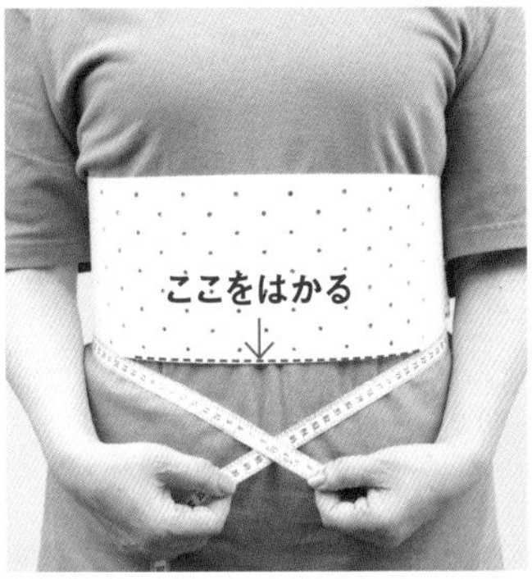

※計測位置をわかりやすくするため、撮影用に帯板を付けています。

2 帯を縦に外表に二つ折りにし、1で計測した胴回りと帯幅からA〜Dの位置を決め、目印のピンチをとめる。

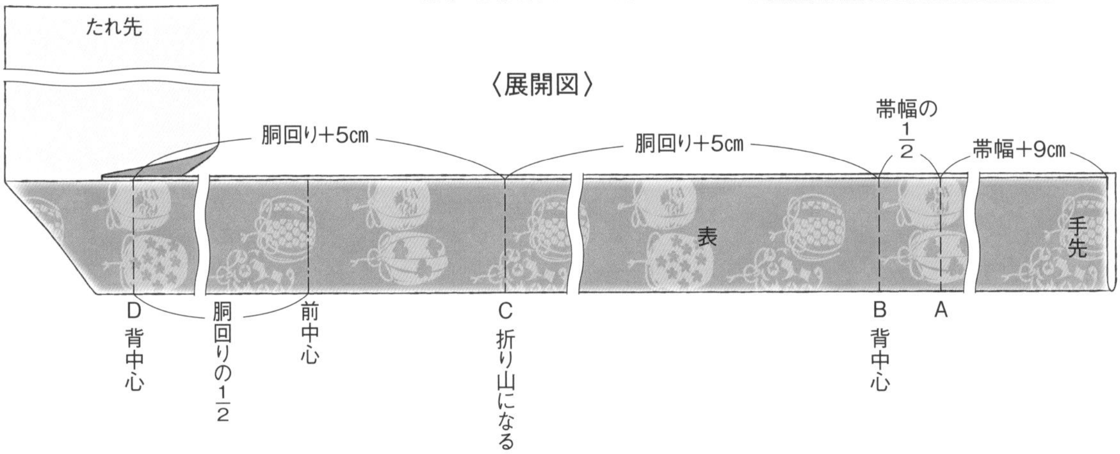

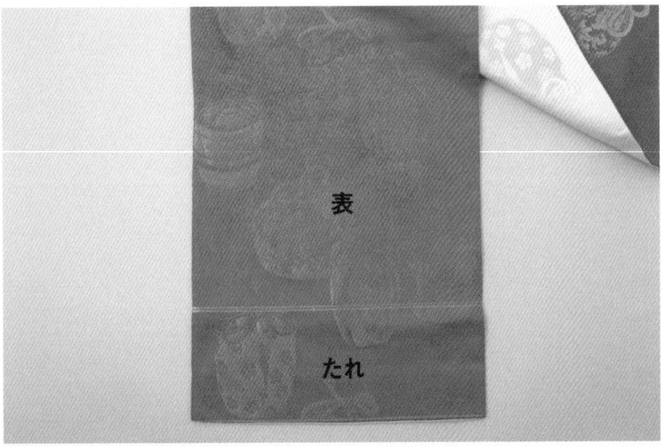

3 帯の表を上にして、たれ側を正面にして置く。

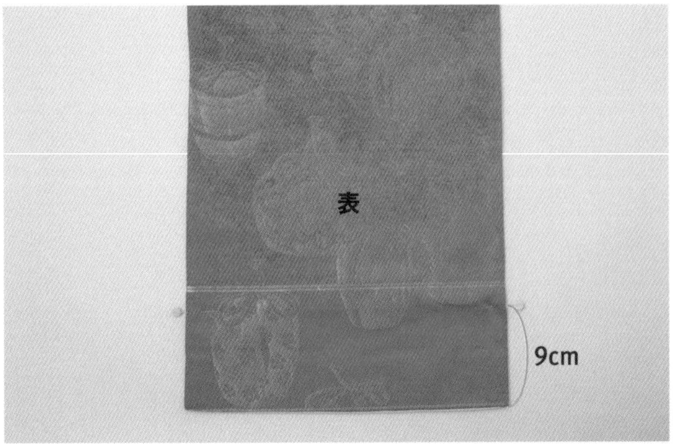

4 たれの長さ（P17参照：本書は9cm）を決めて、帯の表側にまち針を打つ。

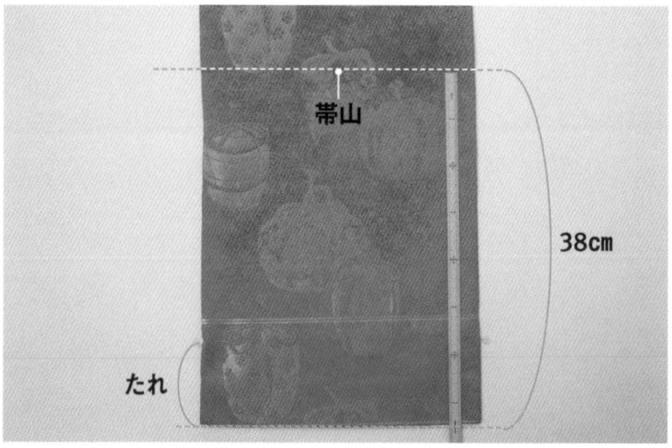

5 ものさしを置いて帯山の位置を確認する。

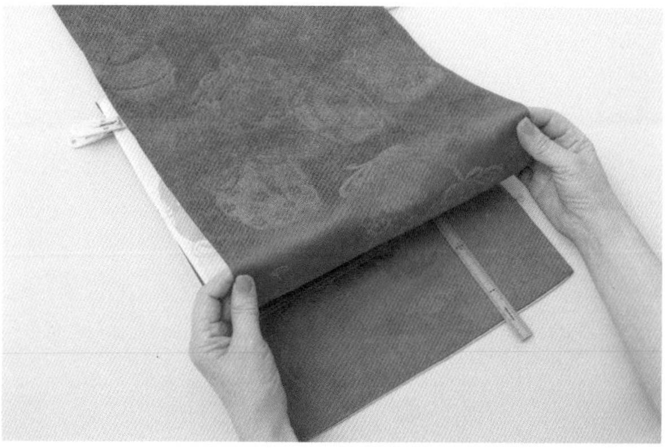

6 ものさしがずれないようにピンチで仮どめして、お太鼓にする部分を出したい柄のところまで引き下げる。

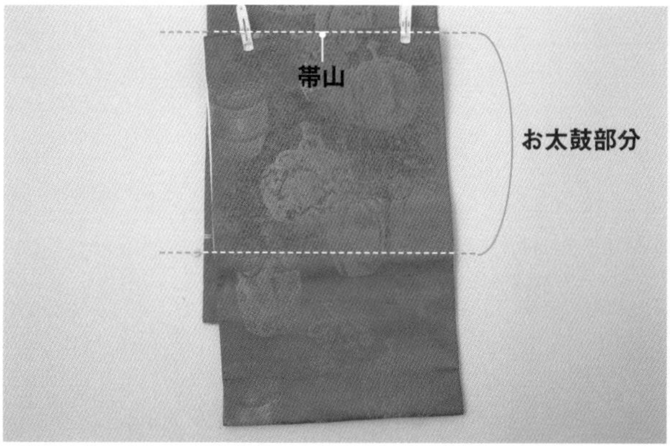

7 たれとお太鼓の柄合わせをする場合は、たれが重なる位置を選ぶ。お太鼓の柄が決まったら、帯山を6のピンチで仮どめする。

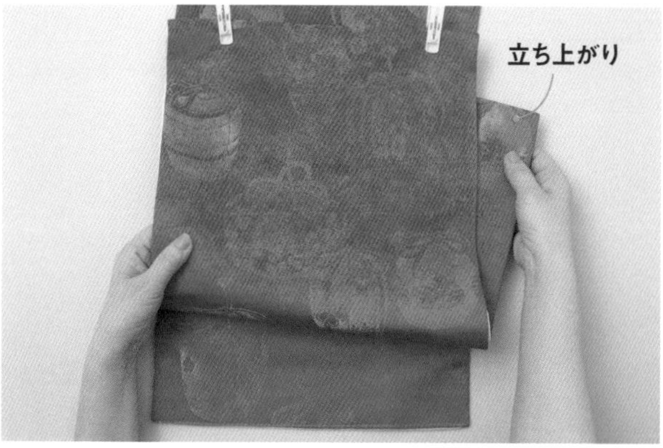

8 たれのまち針のところから余分をお太鼓の下に折り上げる。余分が立ち上がりになる。

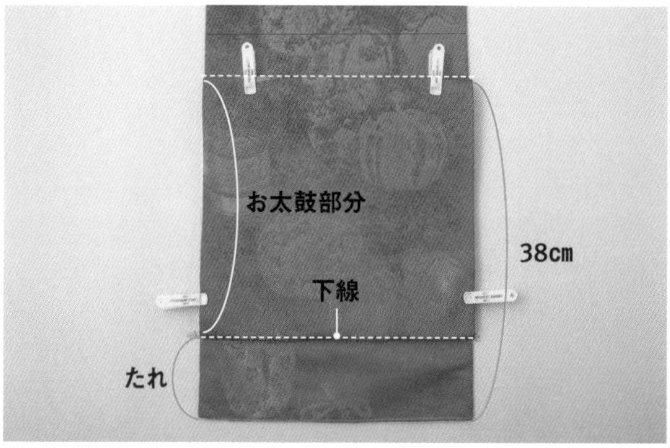

9 お太鼓の下線をたれのまち針に合わせ、ピンチで仮どめする。

10 帯を裏に返す。右端のまち針の1cm上に表から針を入れて左端まで、しつけ糸で一直線に基本線の印をつける。

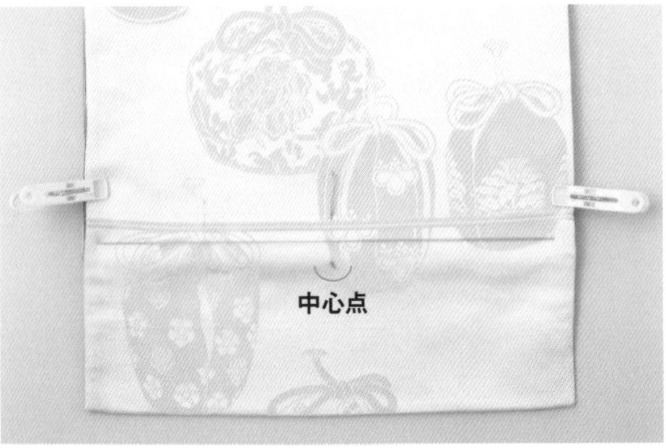

11 | 基本線の中心に玉どめで中心点の印をつけて、まち針をはずす。

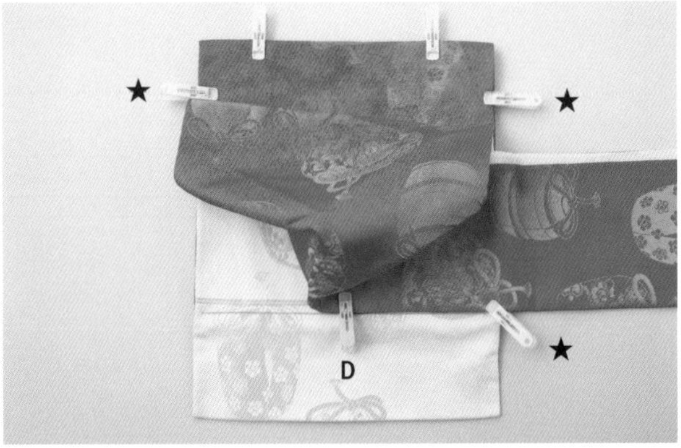

12 | 胴部分を基本線まで引き下げて中心点にP36展開図のDを重ね、11の左右の仮どめのピンチをはずし、★3ヵ所をピンチで仮どめする。

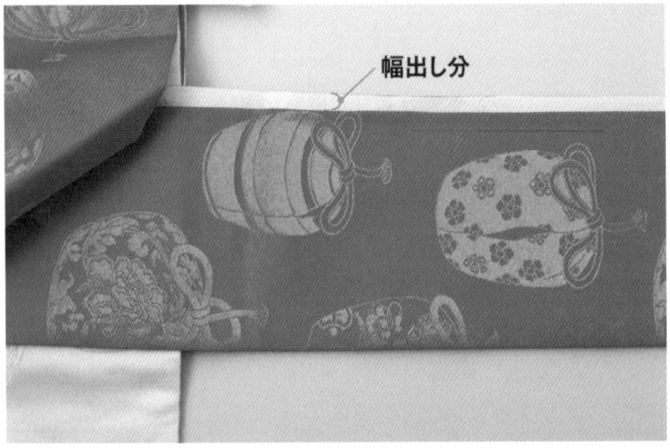

13 | 帯幅を広めにしたい場合は、帯をずらして折って幅を出す。

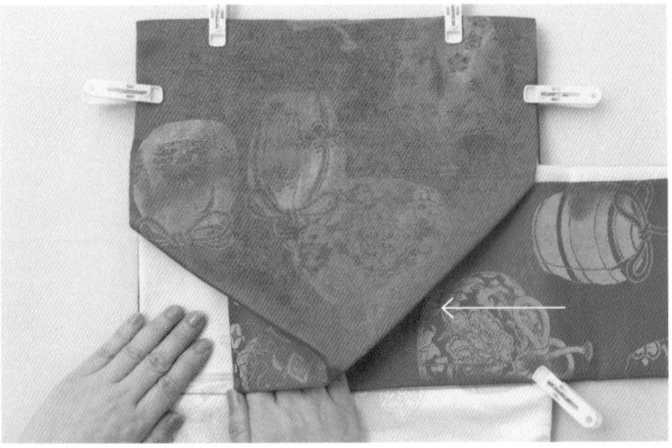

14 | たるみを左側に押し込む。

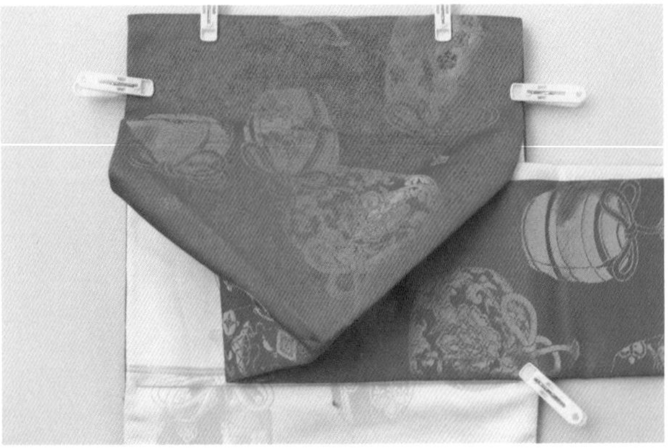

15 | たるみが押し込まれたところ。

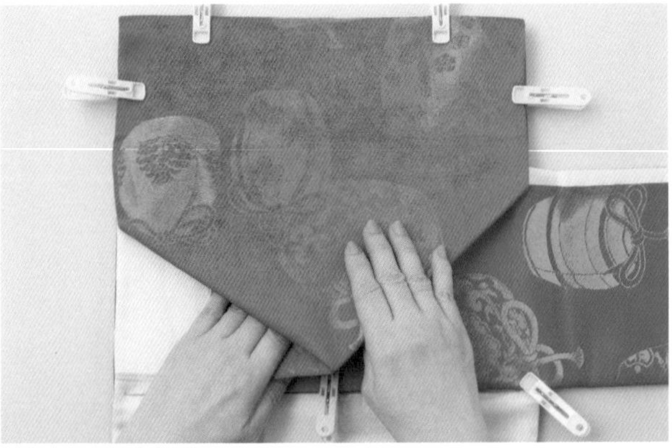

16 | 15でできたたるみを右側に押し込む。

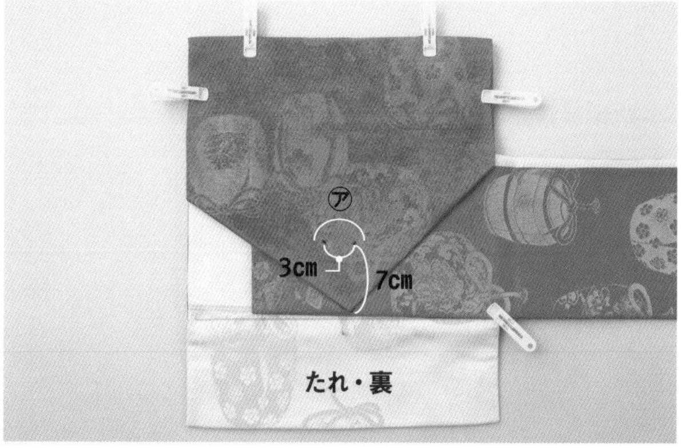

17 中心点から7cm上の㋐を3cm幅の縫い目で、立ち上がりまで縫いとめて、ピンチDをはずす。

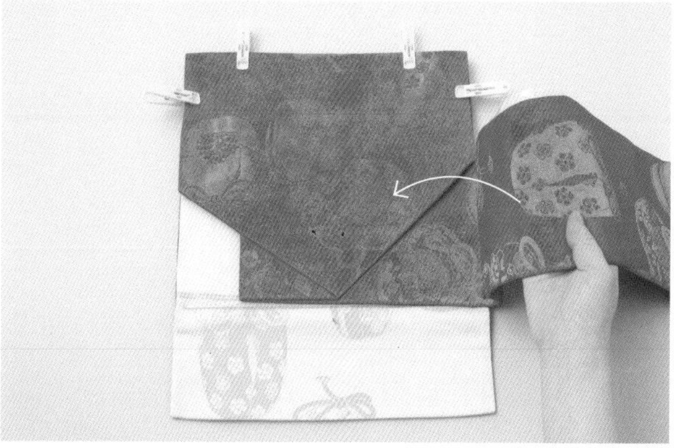

18 胴部分を左側に折り返す。

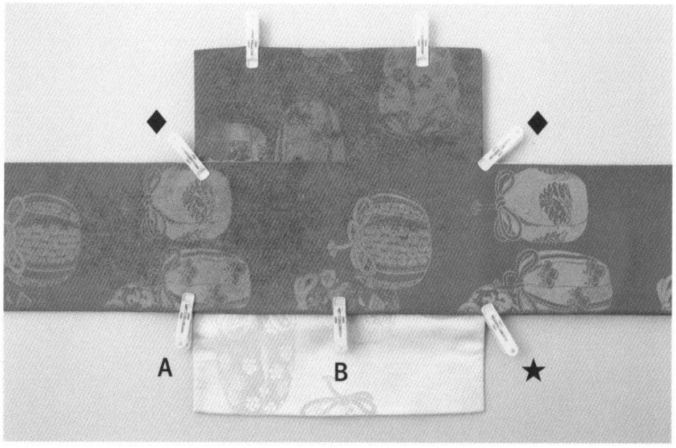

19 中心点に展開図のB、帯の左端にAを重ねる。帯山以外の仮どめのピンチを一旦はずし、◆2ヵ所は胴部分とお太鼓1枚、★は胴とお太鼓部分をとめ直す。

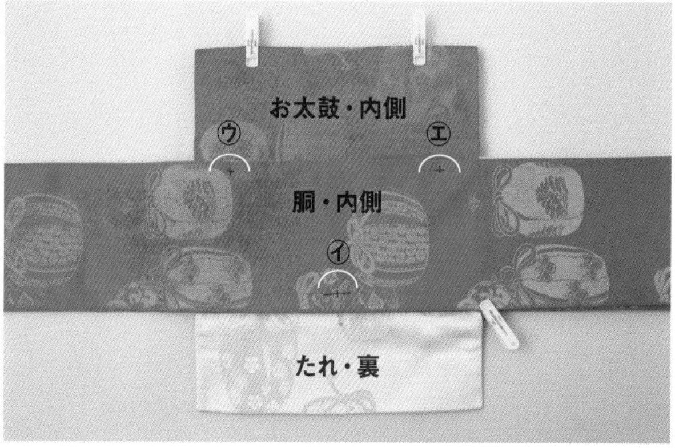

20 下のイラストを参照にして、㋑を飾り十字どめ、㋒と㋓を十字どめで縫いとめる。ピンチA、Bと上側の仮どめピンチをはずす。

Point

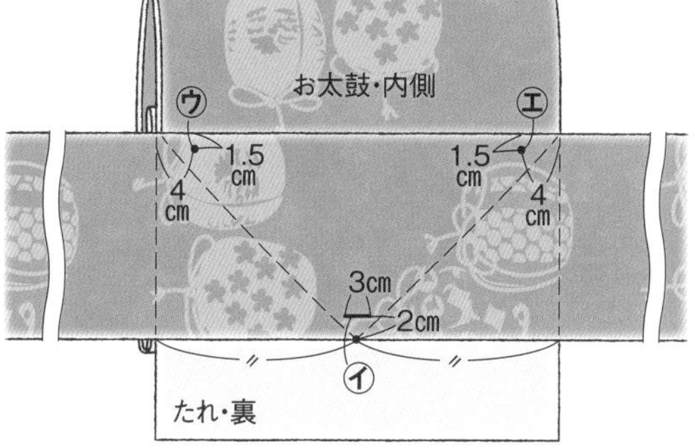

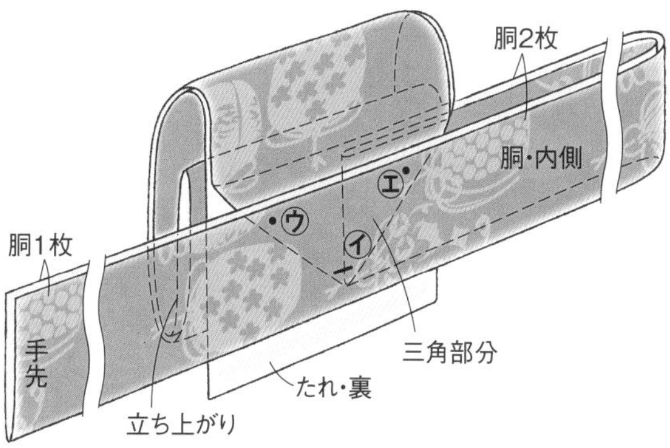

㋑→胴1枚と三角部分を飾り十字どめ。㋒→胴1枚と三角部分を十字どめ。㋓→胴2枚と三角部分を十字どめ。

21 | 装着用のひもを二等分する。

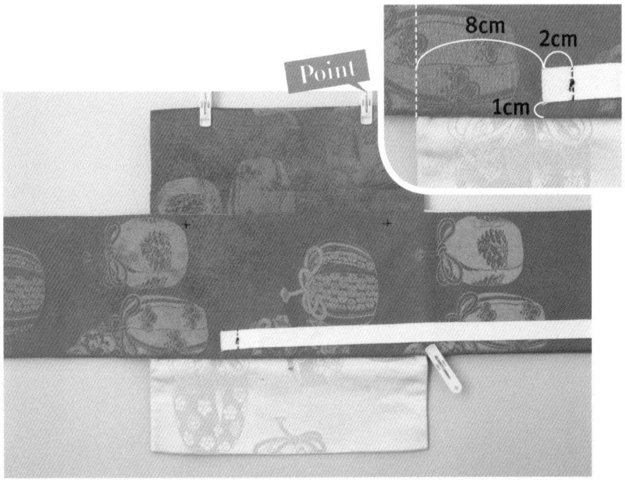

22 | ひもを写真の位置に置き、ひも端から2㎝のところでひもと胴を4目ほどで縫いとめる。

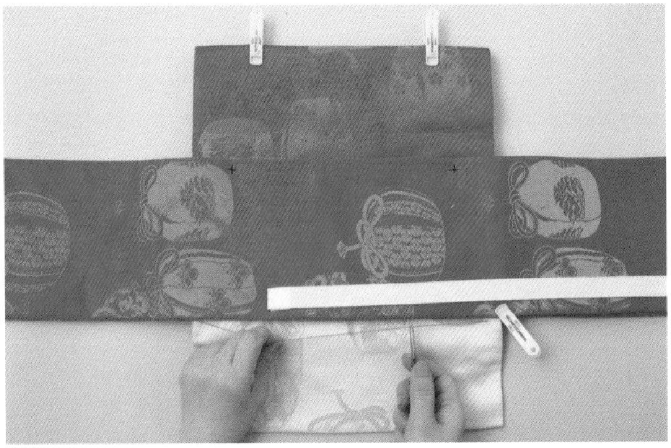

23 | 基本線のしつけ糸を切る。

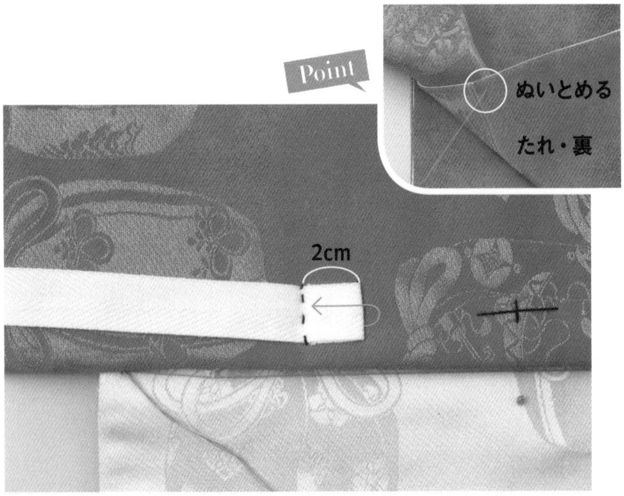

24 | ひもを折り返し、折り山から2㎝のところでひもと胴、たれを4目ほどで縫いとめる。

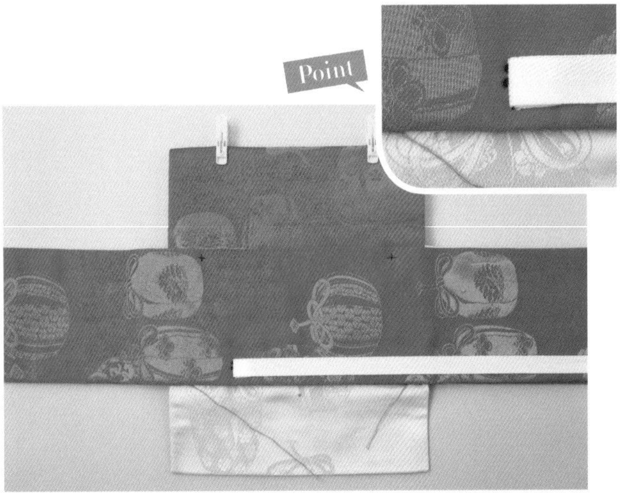

25 | ひもを折り返して、根元のところで胴から立ち上がりまで1目で縫いとめる。

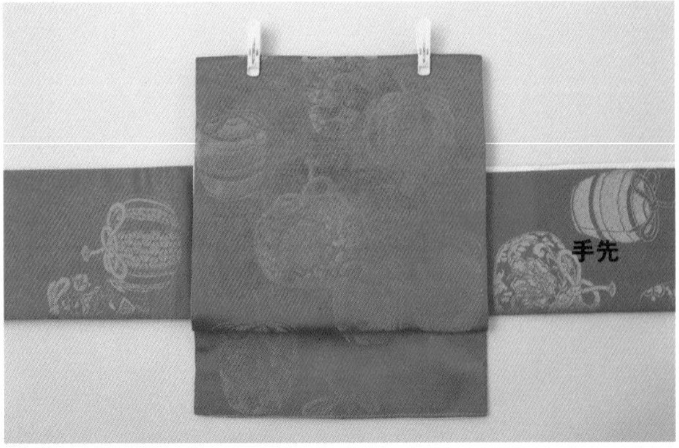

26 | 帯を表に返す。

27 お太鼓の中(立ち上がりの上)に手先を通す。

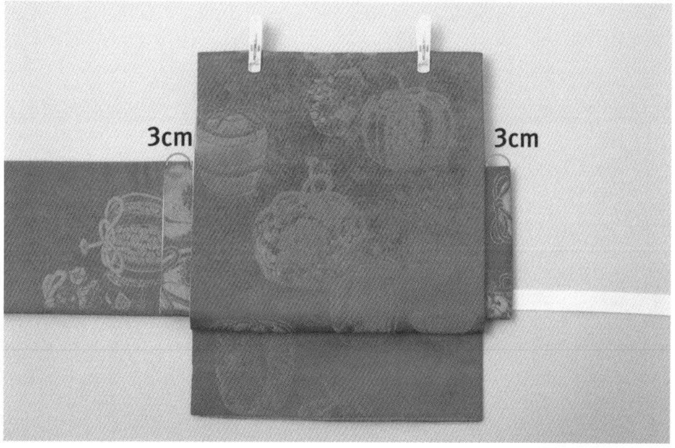

28 手先の両端をお太鼓から3㎝出す。

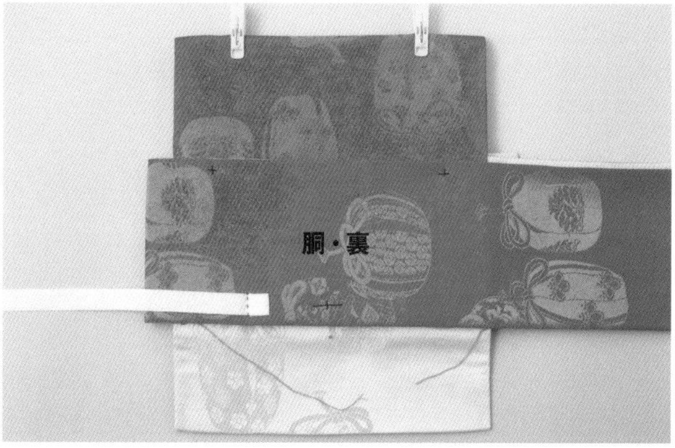

29 帯を裏に返す。

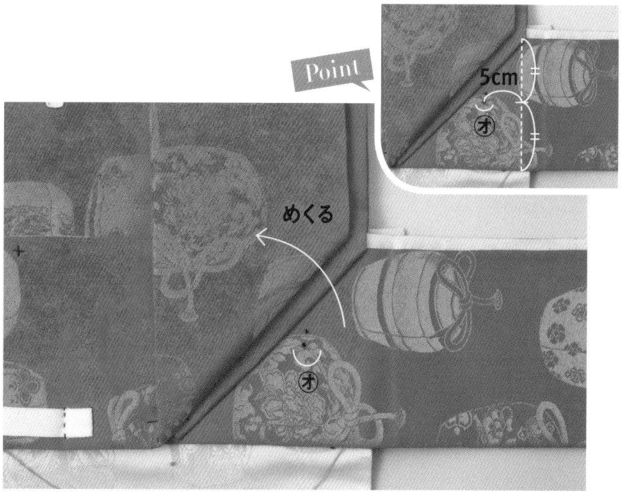

30 胴部分をめくり、㋔を胴から手先まで1目で縫いとめる。

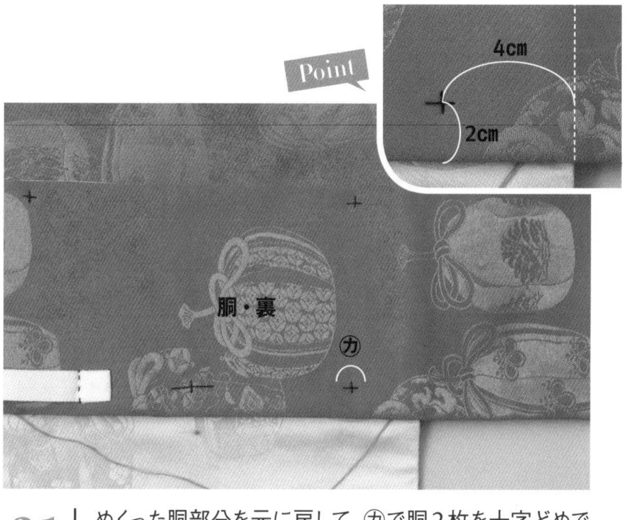

31 めくった胴部分を元に戻して、㋕で胴2枚を十字どめで縫いとめる。

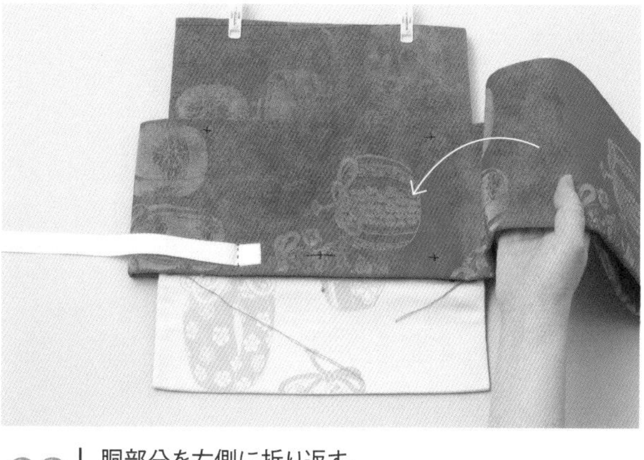

32 胴部分を左側に折り返す。

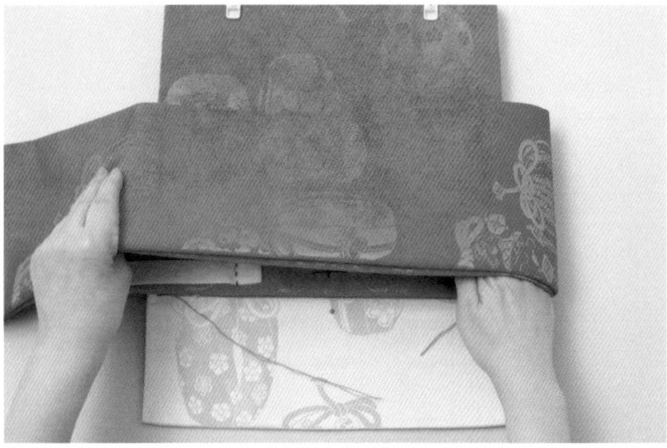

33 折り山に右手を入れて、左手で胴部分を引っぱる。

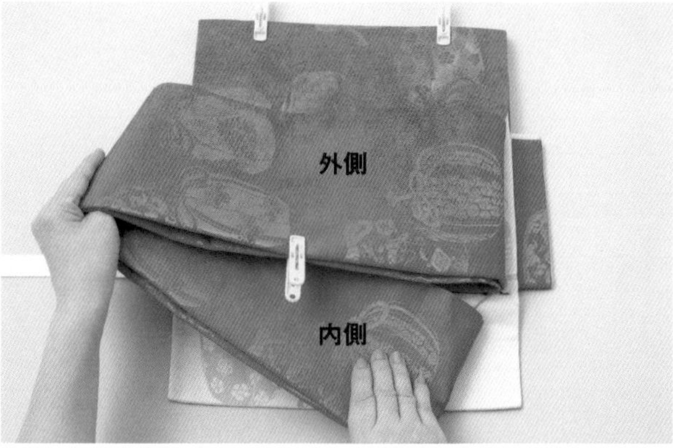

34 左側を内側に折り、右手で引っぱりながら外側にゆるみを作ってピンチで仮どめする。

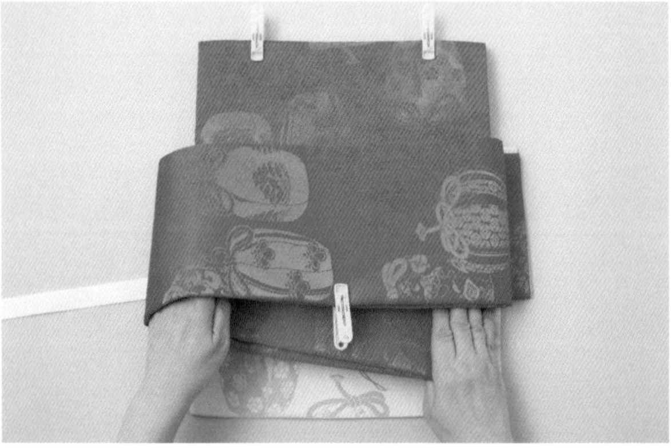

35 左右の折り山に手を入れて、外側のゆるみを均等にする。

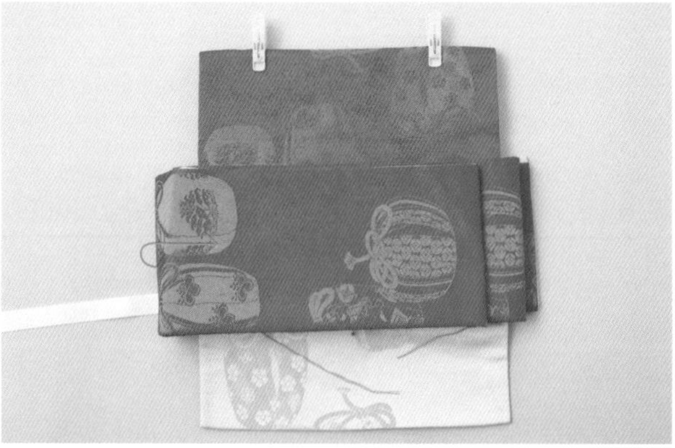

36 胴の端を上に折り返し、ピンチをはずす。

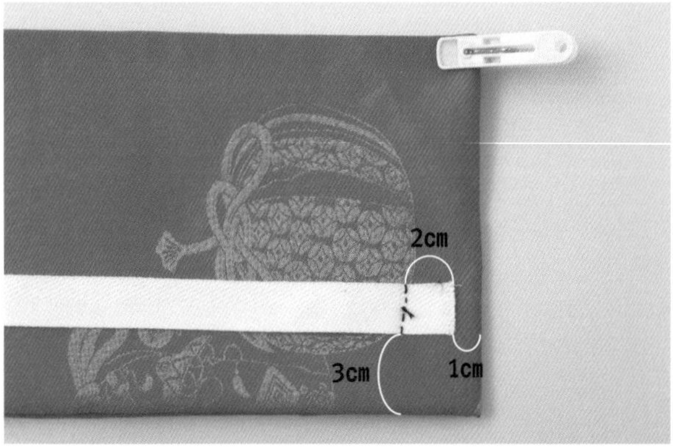

37 折り返した胴部分のゆるみがずれないように上端をピンチで仮どめする。ひもを置き、ひも端から2cmのところでひもと胴の上1枚を4目ほどで縫いとめる。

38 ひもを折り返して、折り山から2cmのところでひもと胴2枚を4目で縫いとめる。

39 上端を内側に折り込む。

40 内側から針を入れて、2目の巻きかがりで縫いとじる。

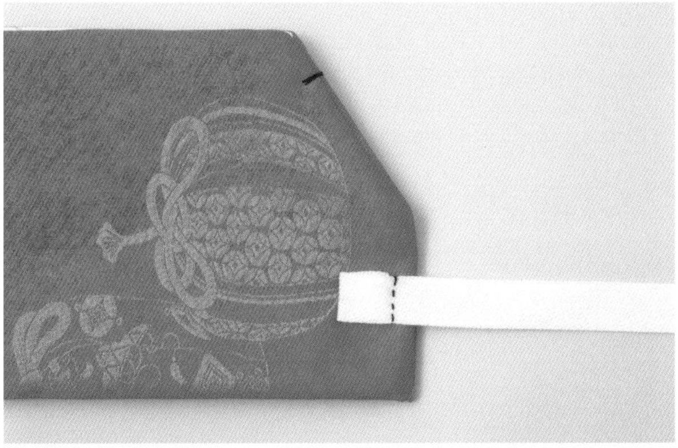

41 縫いとじたところ。

42 ひも端を三つ折りぐけする。

43 できあがり！

Section3

袋帯で作る角出しの作り帯

実はこの「袋帯で作る角出し」が一番簡単に作れるはず！　と和らく会で一番角出しが好きな講師が太鼓判を押しています。粋な雰囲気たっぷり。紬や小紋、色無地など、カジュアルなふだん着の着物に合います。たれはお太鼓より長め、というのもありがたいです！

単衣&角出しは 暑い季節の粋な遊び着。

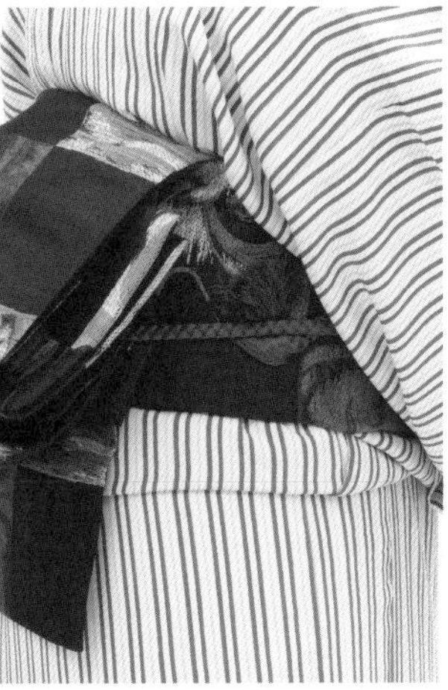

お太鼓の形をシャープに。形は装着時にお好みで作れます。

帯位置は低めでたれは長め。着物は縞。これぞ粋が魅力の角出しの帯姿です。「夏が年々、長くなるので着物は江戸小紋を単衣仕立てにしました」(谷藤純子さん／和らく会講師)

母娘で着回しているという淡い桜色の竪絽の単衣。娘バージョンは羅の個性的な帯を角出しで。「お太鼓では少し重たいかなと思うシーンでは、角出しで着慣れた感じを出しています」(桑山さん)

緑色の帯締めと朱色の帯揚げは帯の色からもらっています。

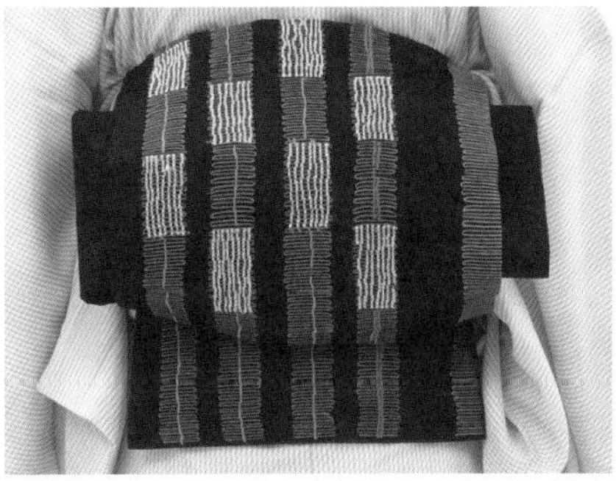

織り目が粗くて軽いので針通しもよく、作り帯も楽々と作れます。

存在感たっぷり
角出しは帯が主役です。

生成り色に墨絵の花が涼し気な紗の袋帯に越後夏結城でシックに。「夏帯の袋帯はなかなか出てこないので、お店で出会って即買いでした」（谷藤さん）

（上）前帯は柄を中心からずらして、帯留めをポイントにしました。（下）ボリューム感たっぷりの丸みがある形がクラシカルな雰囲気を醸し出します。

着付け士のお免状を持つ谷藤さん。「着付けのこだわりは清潔感と楽に着ている感を出すことです（笑）」

柄オン柄で角出し！
引き算なしの着こなしも
着物だからこそ。

「葵柄の小紋は反物を見て一目ぼれでした。ふくれ織帯とのコーディネートは派手すぎず地味すぎず、そしてどんな席でも気後れしません」（五味由紀子さん）

淡いグレー地の帯はどんな着物でも引き立ててくれます。着物が主役のコーディネート。

葵の葉に見立てて帯締めと帯揚げはグリーン系でまとめました。

お琴を習い始めた９歳から着物を着ているという五味さん。「娘時代は文庫結びが大好きでしたが、今は粋な角出しがお気に入りです。作り帯だとお太鼓部分が崩れたりつぶれたりしないので安心ですね」

同じ小紋で帯チェンジ。帯が主役のコーディネートです。濃淡２色の紫色使いの帯は総柄の着物をこえた存在感。「この華やかさは着ていて楽しくなります！」

Section3 お太鼓の丸みがポイント！

角出しの作り方

ふっくらした丸みが粋で女らしい角出しは、お太鼓にボリューム感を出せばクラシックな雰囲気に。長めのたれでお尻も隠せます！

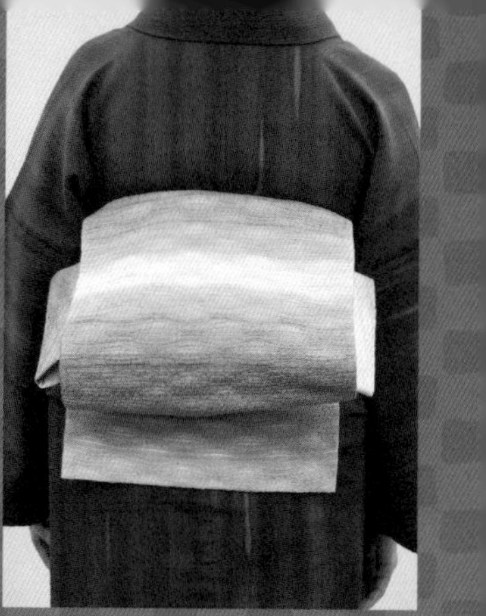

用意するもの

- 袋帯（長さ：4m ～）
- 装着用のひも(2cm幅／長さ：胴回り+40cm) 1本
- 食器用スポンジ2コ
- 洗濯用ピンチ10コくらい
- メジャー

1 | 帯幅と作り帯を装着する人の胴回り（帯を締めたときの帯の下線の位置・写真の点線）をはかる。

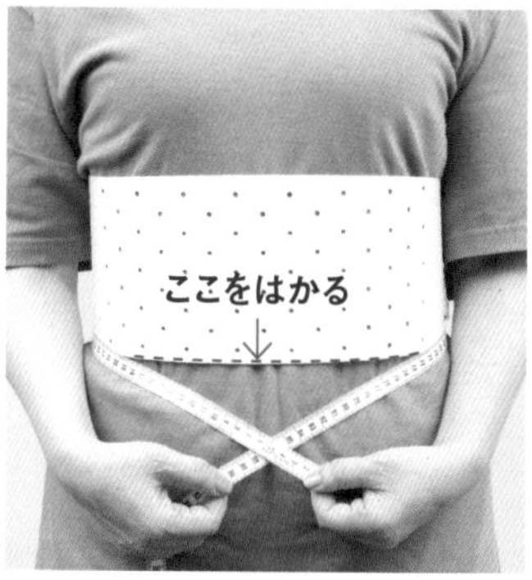

※計測位置をわかりやすくするため、撮影用に帯板を付けています。

2 | 帯を縦に外表に二つ折りにし、1で計測した胴回りと帯幅からA～Eの位置を決め、目印のピンチをとめる。

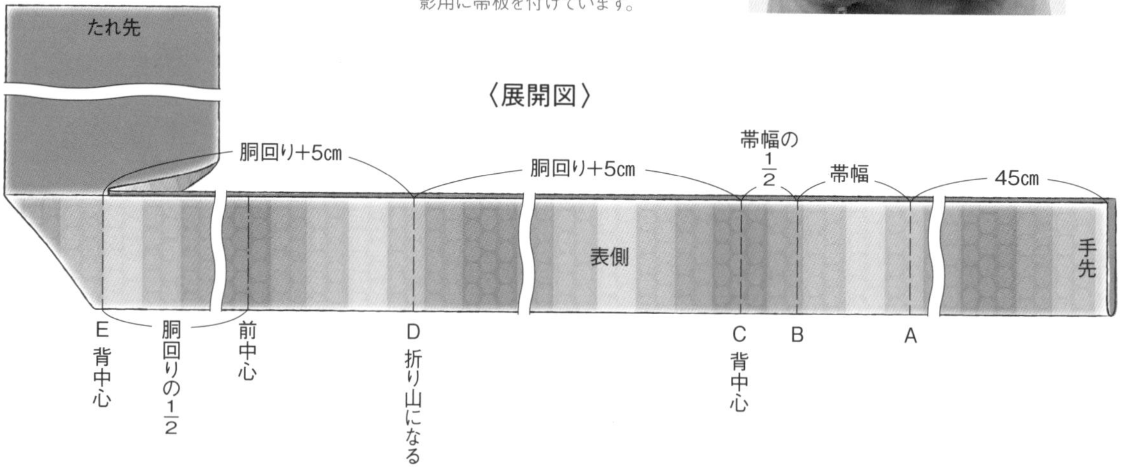

3 | 帯の表を上にして、たれ側を正面にして置く。

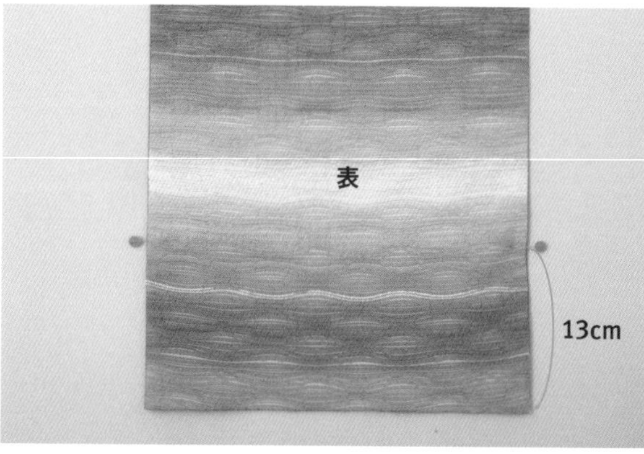

4 | たれ先の長さ（P17参照：本書は13cm）を決めて、帯の表側にまち針を打つ。

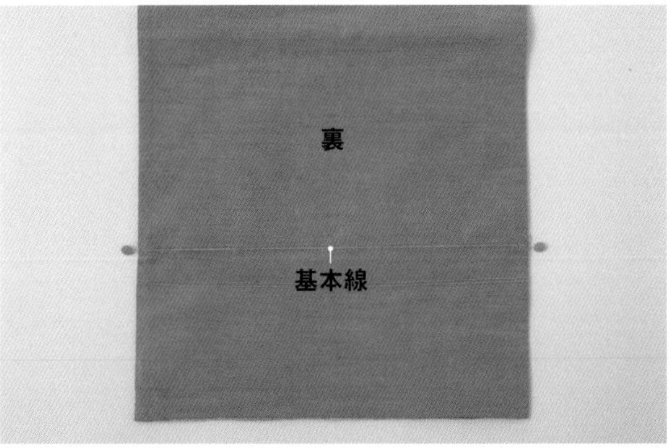

5 帯を裏に返す。右端のまち針の位置に表から針を入れて左端まで、しつけ糸で一直線に基本線の印をつける。

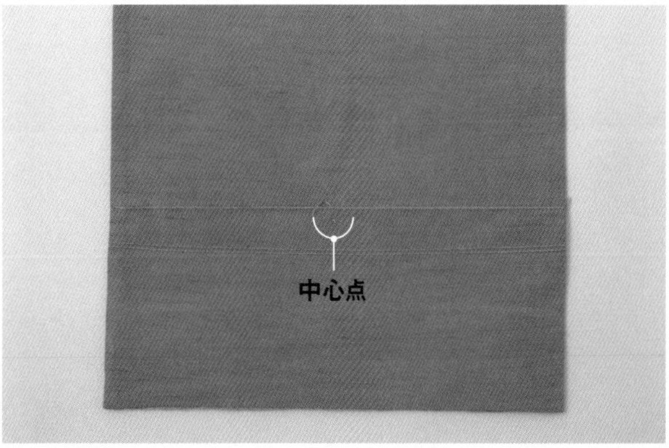

6 基本線の中心に玉どめで中心点の印をつけて、まち針をはずす。

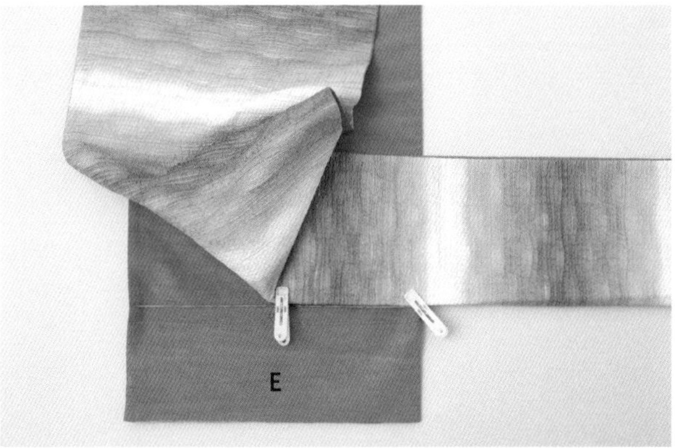

7 胴部分を基本線まで引き下げて中心点にP48展開図のEを重ね、たれと胴部分をピンチで仮どめする。

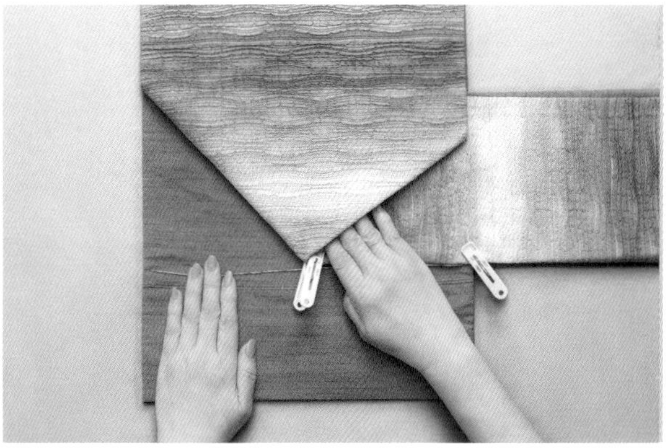

8 たるみを左側に押し込む。

9 たるみが押し込まれたところ。

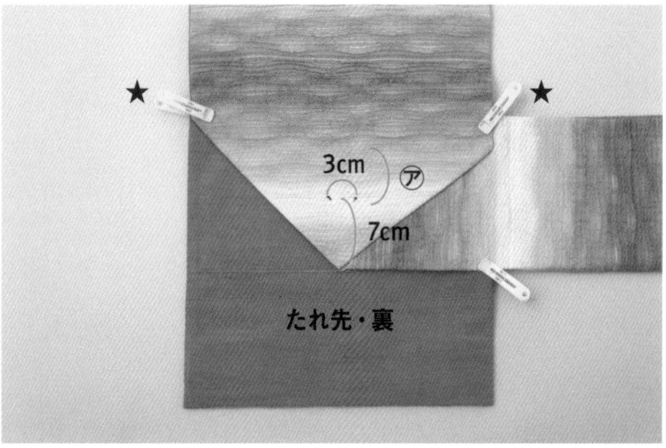

10 ★2カ所をピンチで仮どめする。中心点から7cm上の㋐を3cm幅の縫い目でお太鼓まで縫いとめて、Eをはずす。

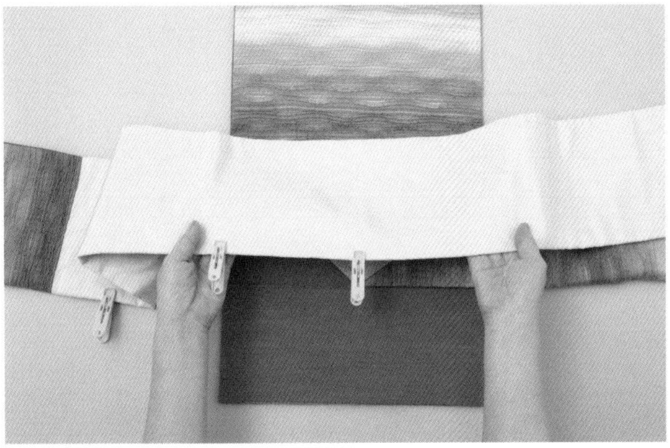

11 胴部分を左側に折り返す。

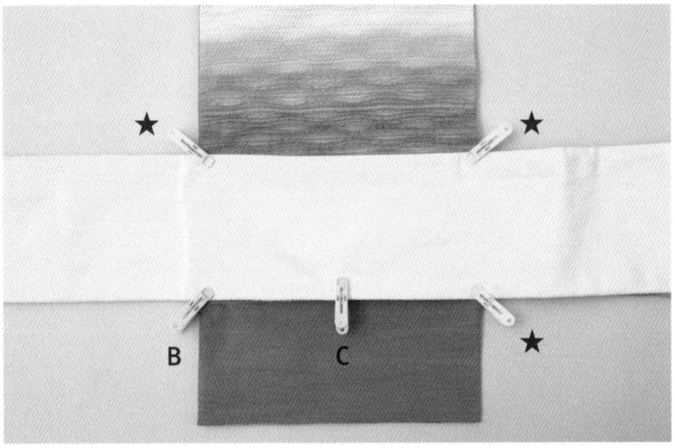

12 中心点にP48展開図のC、帯の左端にBを重ねる。仮どめのピンチを一旦はずし、★3ヵ所で胴部分とお太鼓部分をとめ直す。

Point

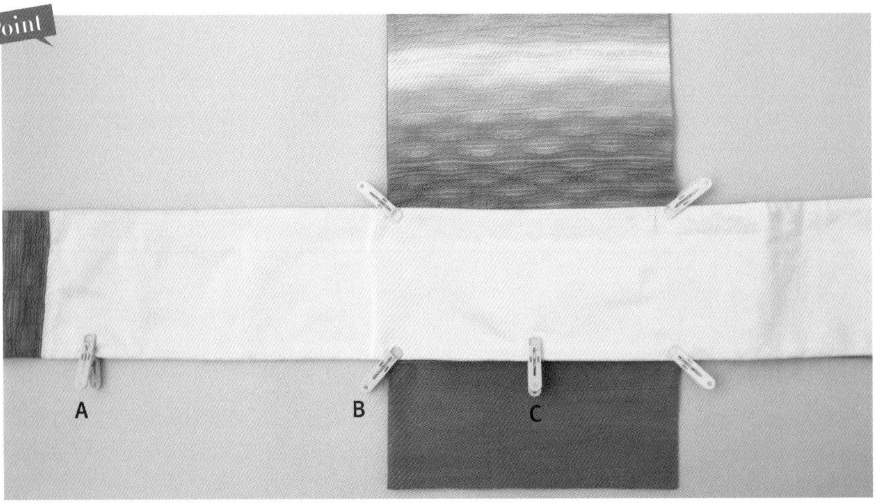

A、B、Cのピンチの位置の目安。

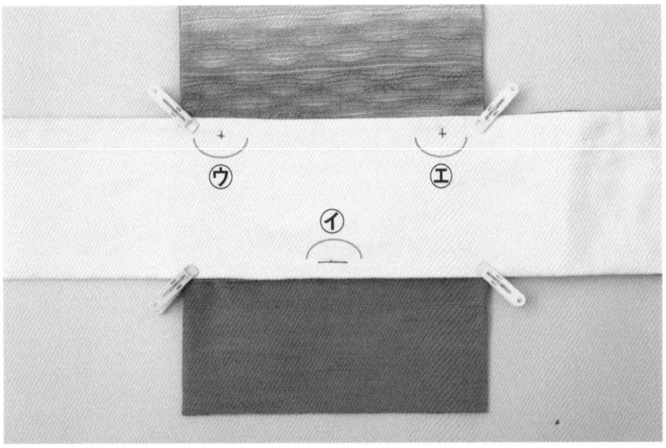

13 P51のイラストを参照にして、㋑を飾り十字どめ、㋒と㋓を十字どめで縫いとめる。ピンチCをはずす。

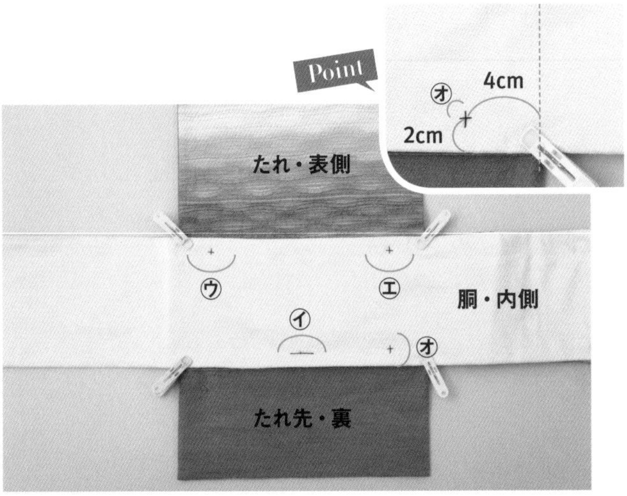

14 ㋔で胴2枚を縫いとめる。

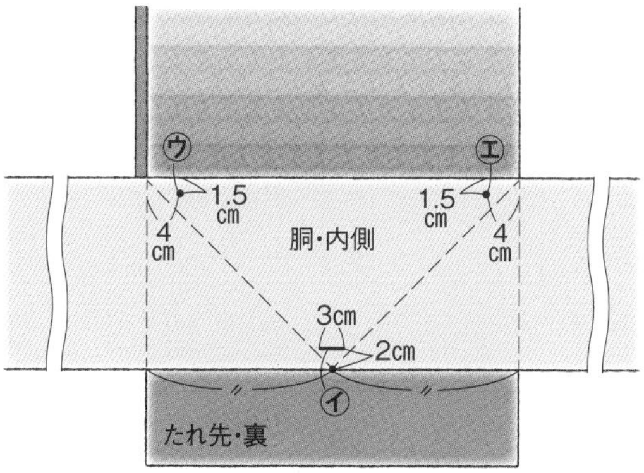

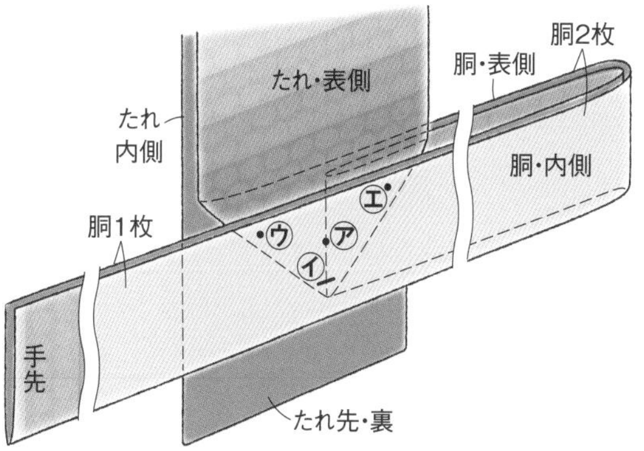

㋑→たれの内側以外を飾り十字どめ。㋒→たれの内側まで十字どめ。㋓→たれの内側まで十字どめ。

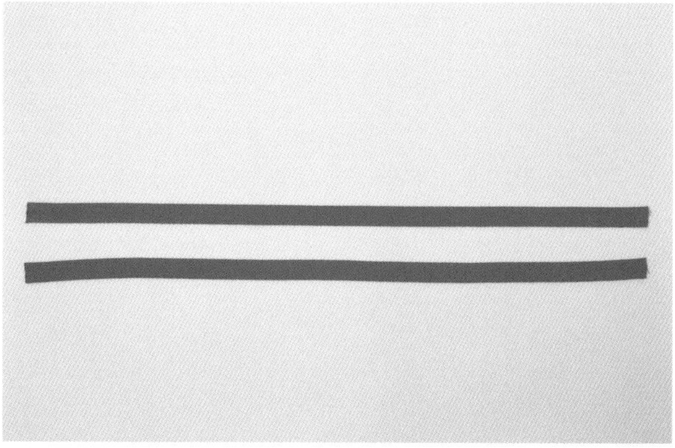

15 装着用のひもを二等分する。

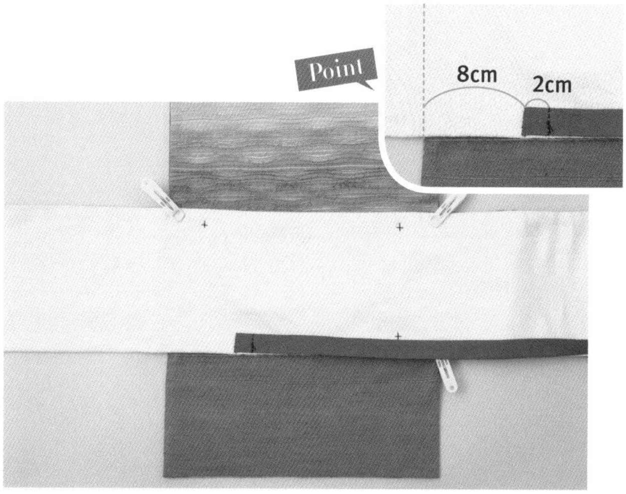

16 ピンチBをはずす。ひもを写真の位置に置き、ひも端から2cmのところでひもと胴を4目ほどで縫いとめる。

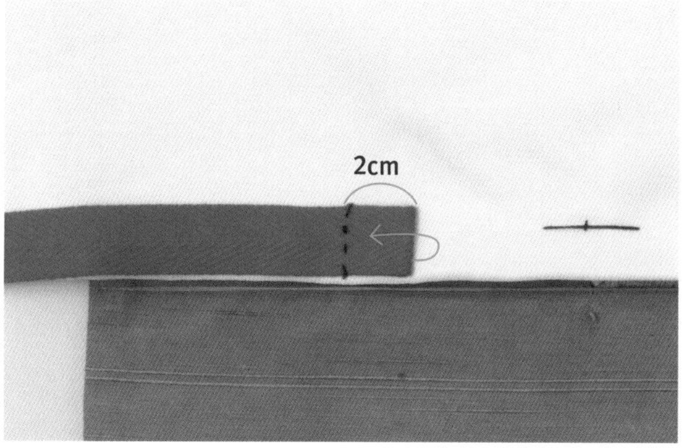

17 ひもを折り返し、折り山から2cmのところでひもと胴を4目ほどで縫いとめる。

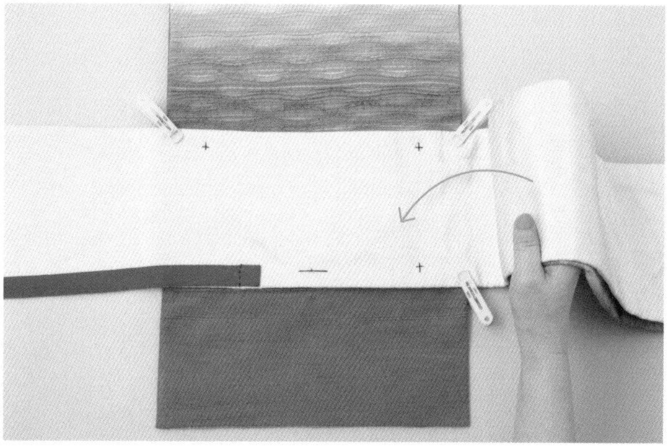

18 胴部分を左側に折り返す。

19｜折り山に右手を入れて、左手で胴部分を引っぱる。

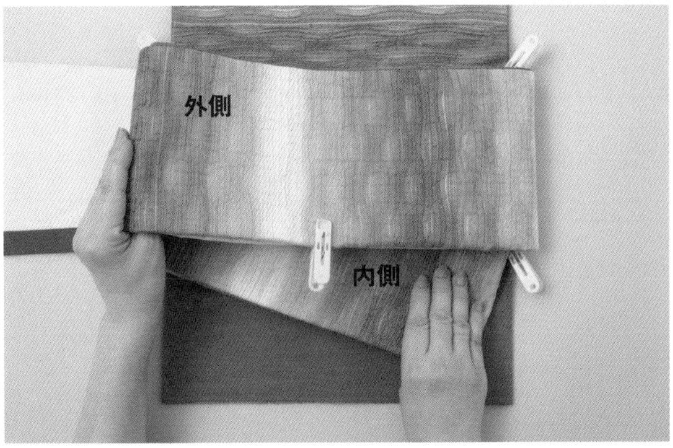

20｜左側を内側に折り、右手で引っぱりながら外側にゆるみを作ってピンチで仮どめする。

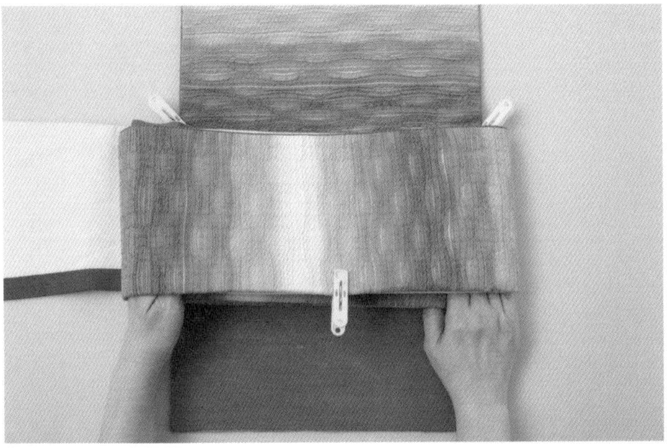

21｜左右の折り山に手を入れて、外側のゆるみを均等にする。

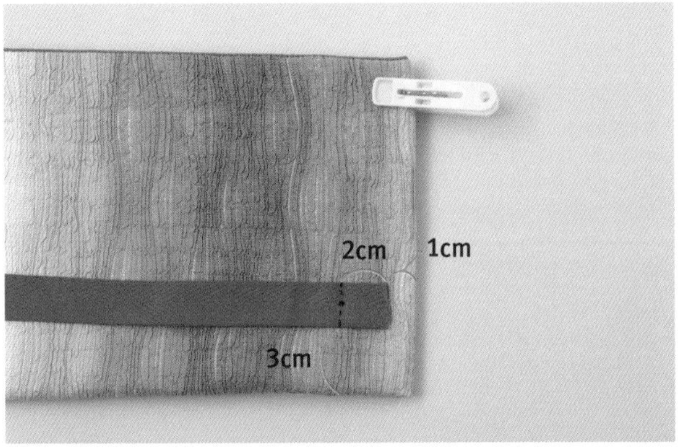

22｜折り返した胴部分のゆるみがずれないように上端をピンチで仮どめする。ひもを置き、ひも端から2cmのところで胴の上1枚を4目ほどで縫いとめる。

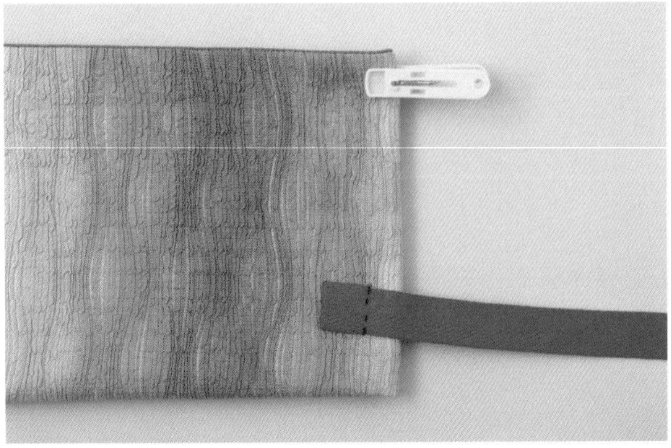

23｜ひもを折り返して、折り山から2cmのところでひもと胴2枚を4目ほどで縫いとめる。

24｜上端を内側に折り込む。

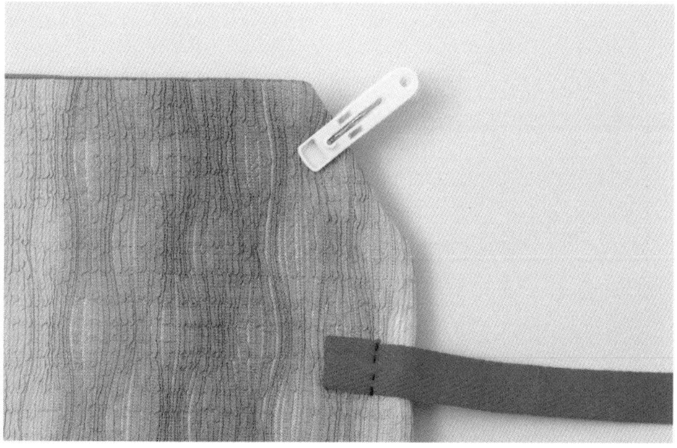

25 折り込んだ部分をピンチで仮どめする。

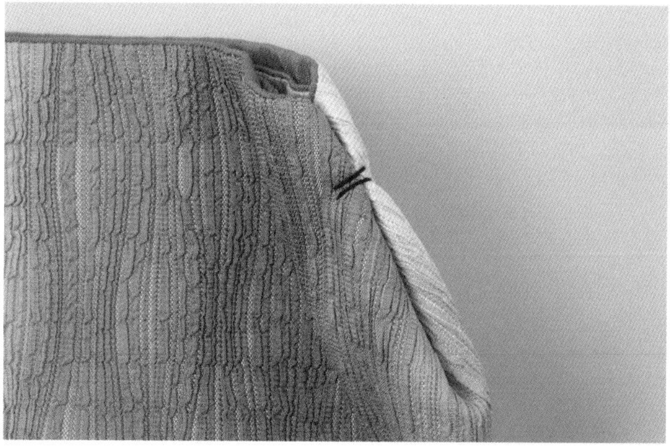

26 内側から針を入れて、2目の巻きかがりで縫いとじる。

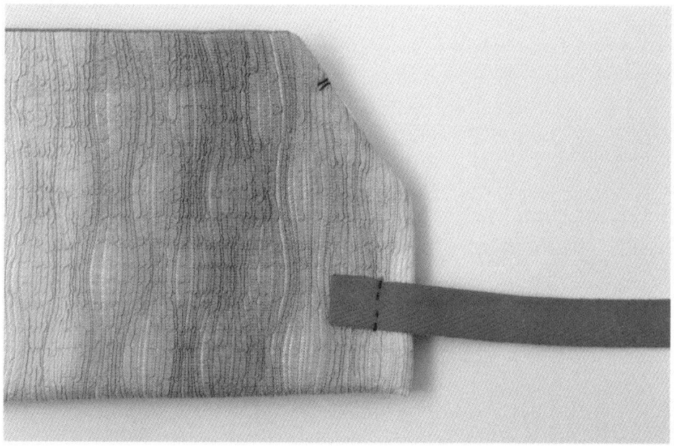

27 縫いとじたところ。

28 ひも端を三つ折りぐけする。

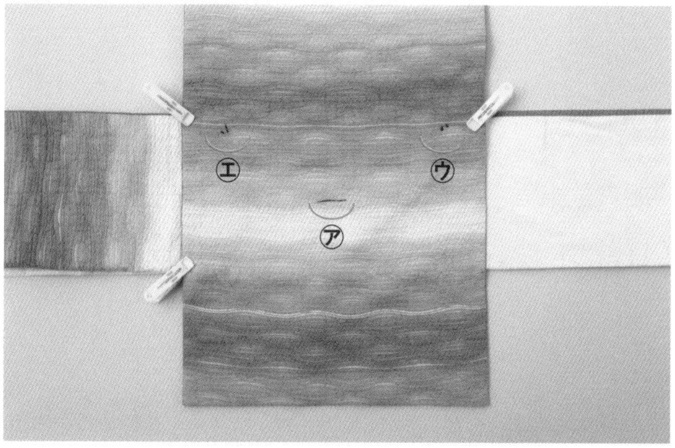

29 帯を表に返す。

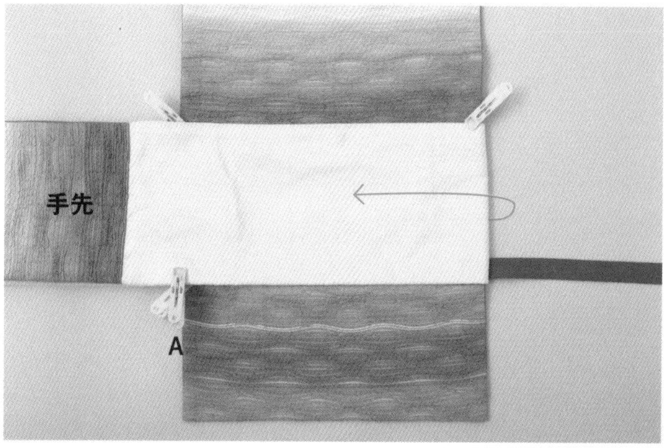

30 手先部分を左側に折り返し、P48展開図のAを帯の左端に重ねる。

31 | 手先を右側に折り返して、両端を帯幅から均等に出す。この部分が角(つの)になる。

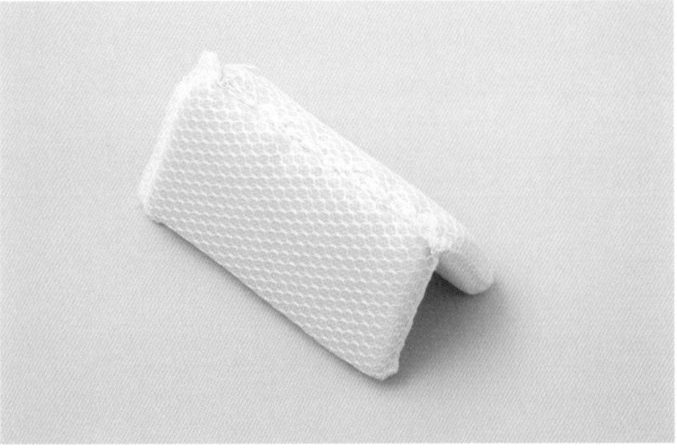

32 | スポンジ2コをL字型に組み合わせて長辺を縫いとじ、お太鼓のふくらみ部分の土台を作る。

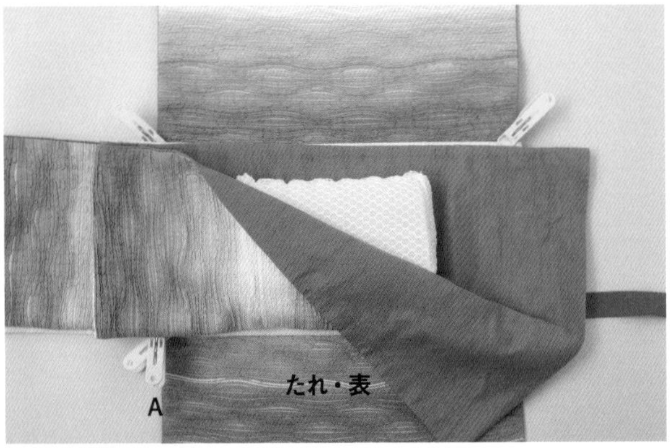

33 | 手先を開き、32で縫いとじた部分を上にしてスポンジを入れて、ふくらみを作る。

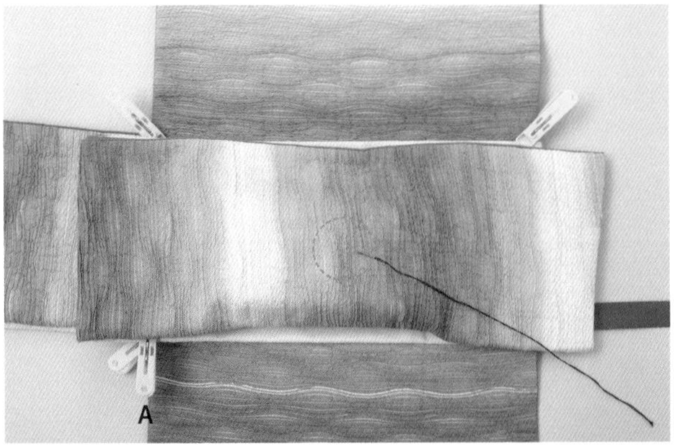

34 | 開いた手先を元に戻す。ふくらみから針を入れてスポンジ1コとふくらみを1目で縫いとめる。

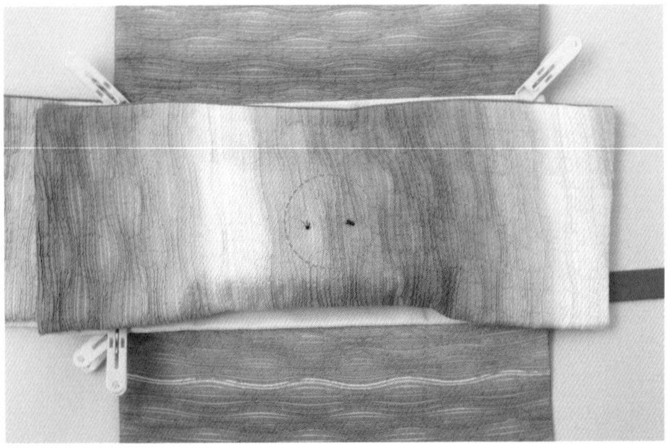

35 | 縫いとめたところ。

36 | 手先から針を入れてたれ・表側まで縫いとめる。

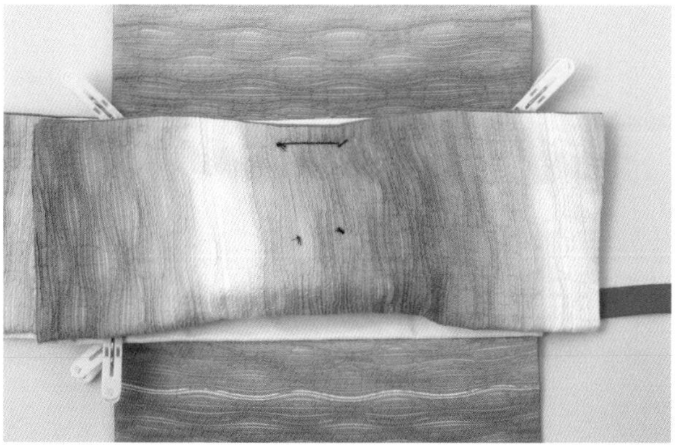

37 5cm幅の縫い目でしっかりと縫いとめる。

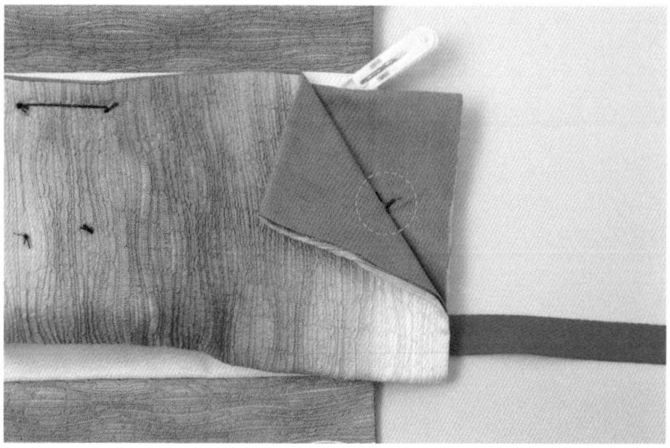

38 手先を開き、装着したときにスポンジが見えないように、内側を1目で縫いとじる。

39 できあがり！

お太鼓柄の帯でも
柄出しはかんたん！

角出しのたたみ方

胴部分をたれでくるみます。
たたむと帯幅の約半分のサイズで収納できます！

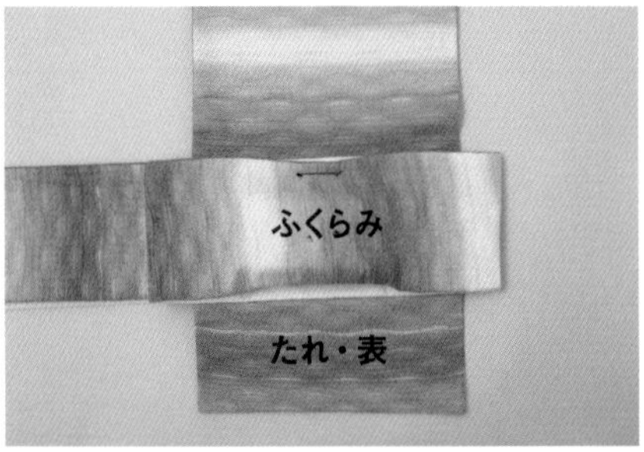

1 表を上にして置く。

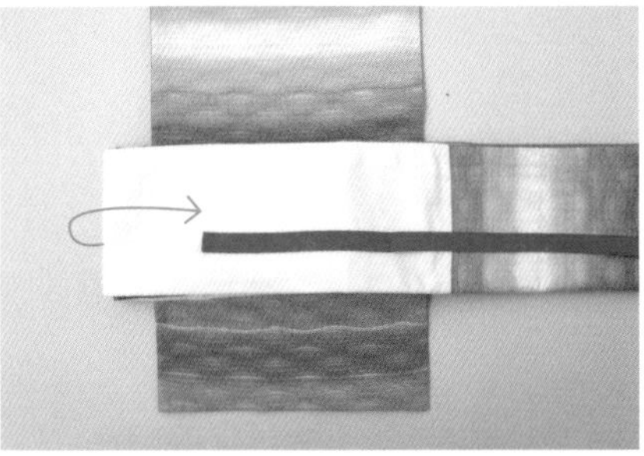

2 胴部分をふくらみの上に折り上げて、ひもをのせる。

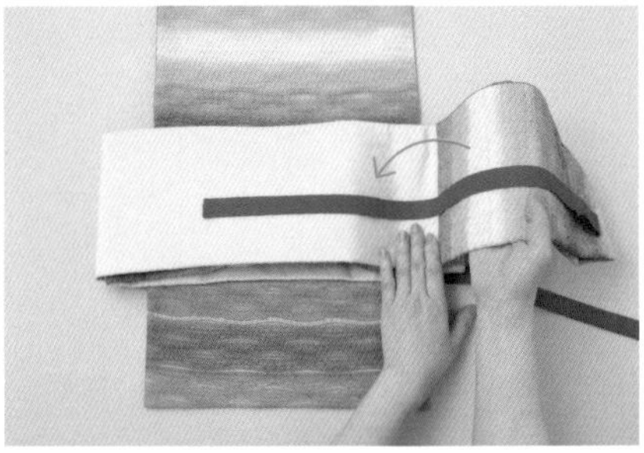

3 胴部分を左側に折り返す。

4 2～3をくり返して、残りの胴部分を折りたたむ。

5 折りたたんだ胴部分の上にたれをかぶせる。

6 たれをかぶせたところ。

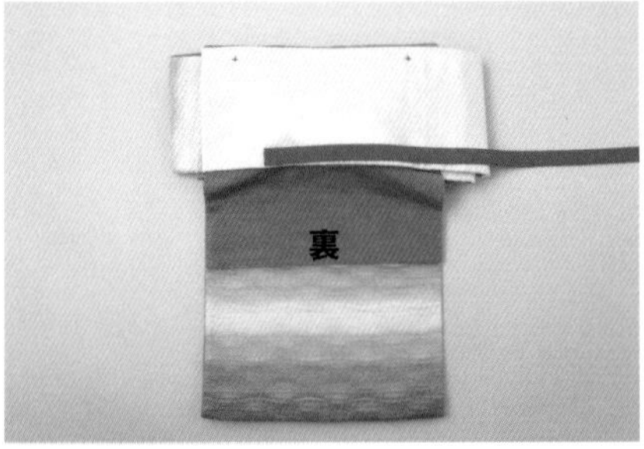

7 帯を裏に返し、ひもを胴部分にのせる。

8 たれで胴部分をくるむ。

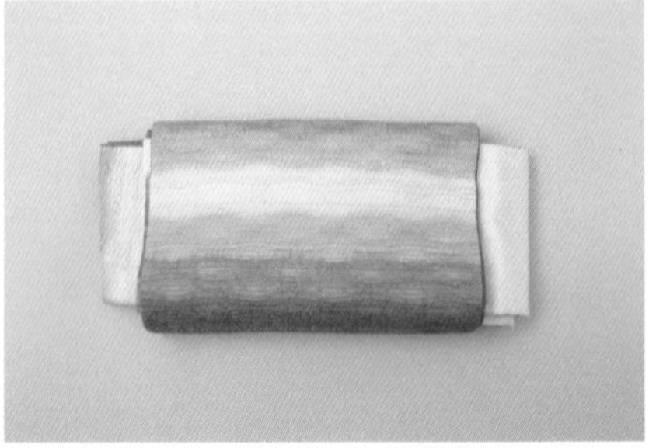

9 できあがり。

角出しの装着

お太鼓の大きさや角度はお好みの形で。
粋な帯姿が簡単にできあがります！

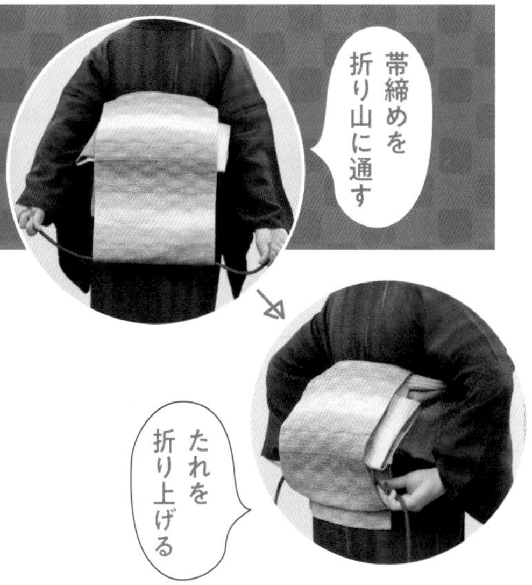

用意するもの

- 角出しの作り帯
- 薄手のフェイスタオル
- 帯板
- 帯揚げ
- 帯締め
- 角出し用の帯枕
- ヘアゴム（本書ではP16飾りつきヘアゴムを使用）
- 洗濯ピンチ（仮どめ用）

1 帯枕を帯揚げでくるんで、中心をヘアゴムでとめる。

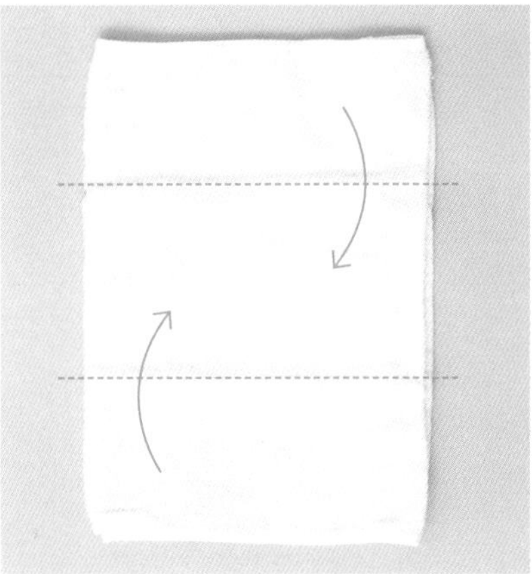

2 フェイスタオルを縦に四つ折りしてから、横に三つ折りにする。

3 帯を裏に置き、たれと胴部分のポケット状のところに2のタオルを入れる。

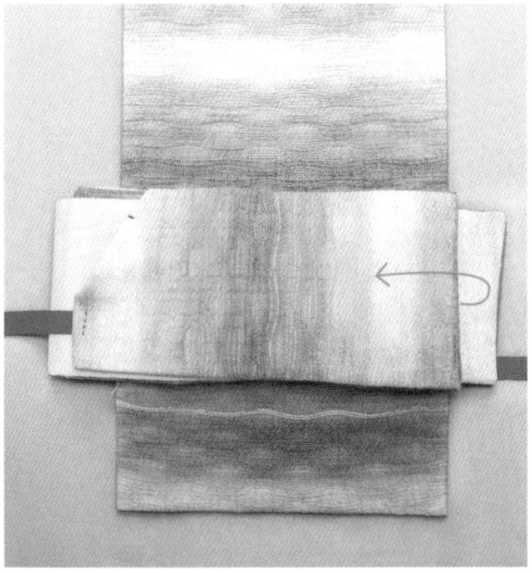

4 帯を表に返し、ふくらみの上に胴部分を折りたたむ。

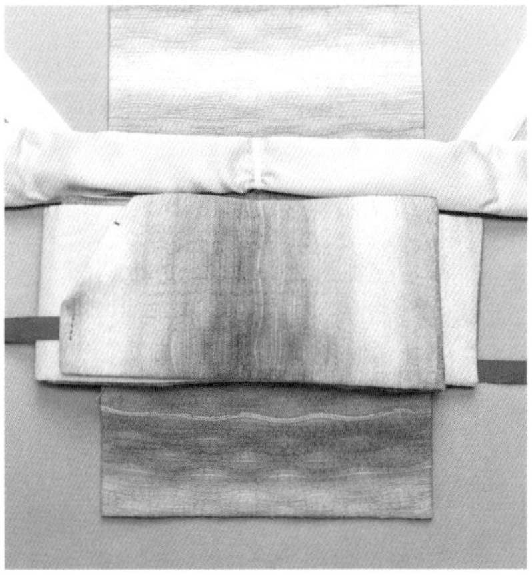

5 同部分の上に1の帯枕を置く。

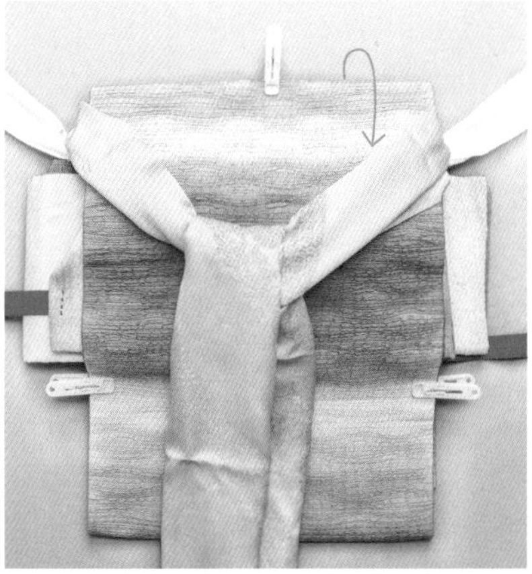

6 たれをかぶせて、帯山、たれとたれ先をピンチで仮どめし、帯揚げを仮結びする。

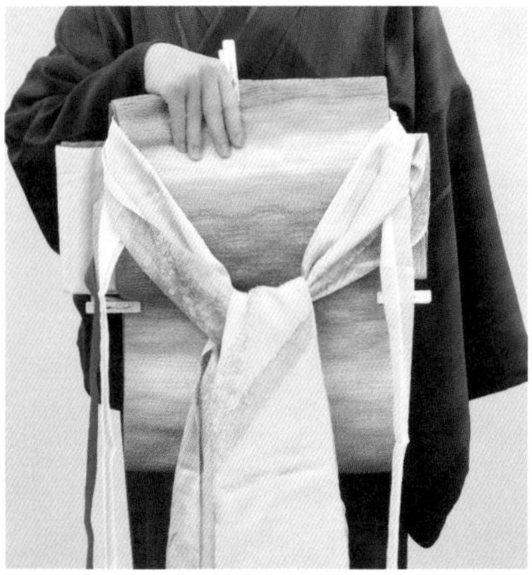

7 帯を正面にして帯山を持つ。ゴムベルト付きの帯板を使用する場合は装着する。

8 帯を背中に当てて帯の位置を決め、密着させる。

9 帯揚げと帯枕のひもを仮結びし、帯を仮装着する。

10 お太鼓の中から胴部分をゆっくり引き出し、左右の仮どめのピンチをはずして、胴に巻いていく。

11 正面に巻いたら帯板を入れて背中に巻いていく。

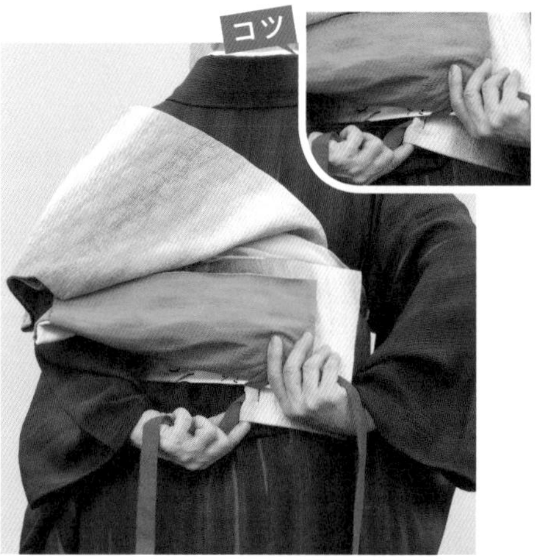

12 胴の端を左手に持ちかえて折り山に指を入れ、右手で手先側を持ち、左右に締める。

13 装着用のひもを正面に回して、帯下でリボン結びする。

14 ひもを結んだまま、12と同様に胴の端と手先側を持ち、左右に締めて、二度締めする。

15 ひものゆるみ分が出るので、結び直して帯の下に入れる。

※12と14は撮影用にたれをめくり上げてピンチでとめています。

16 帯揚げを結ぶ。帯山の仮どめのピンチをはずす。

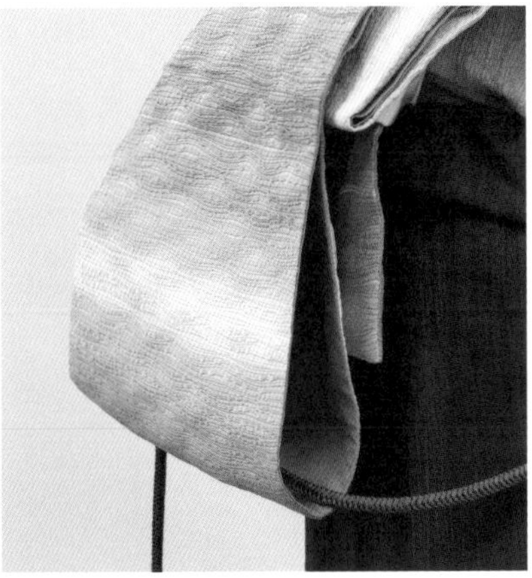

17 帯締めをたれの折り山の中に通す。

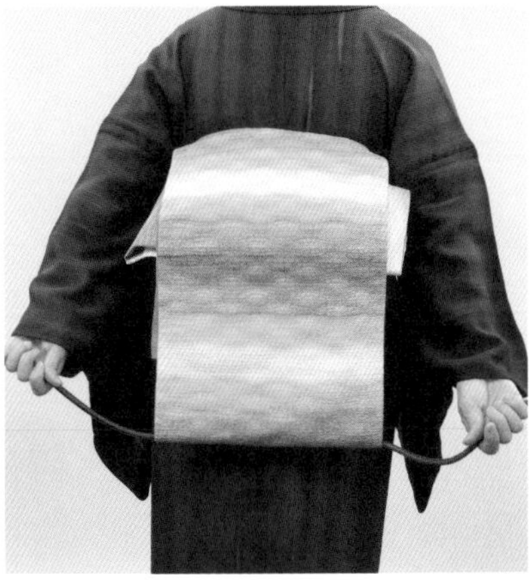

18 帯締めの左右の長さを均等にする。

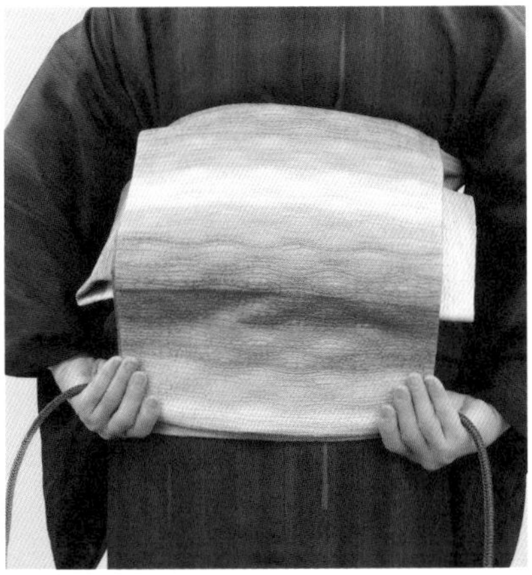

19 帯締めとたれの両端を持つ。

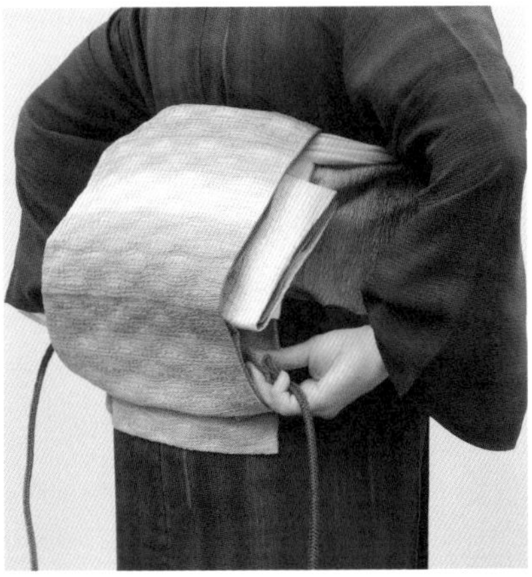

20 たれ先が13㎝（P48 4）になるようにたれを折り上げて、お太鼓を好みの大きさにする。

21 帯締めを引き上げてお太鼓の下部分に角度をつけ、帯締めを正面に回す。

22 帯締めを結ぶ。

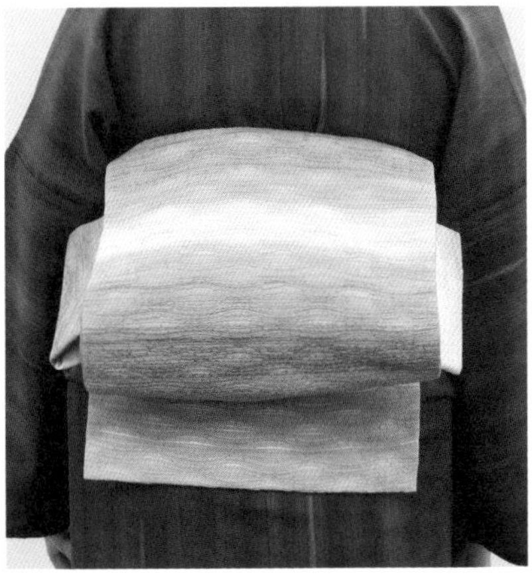

23 できあがり！

Section4

半幅帯で作る
吉弥結びの作り帯

半幅帯は浴衣の帯というイメージがありますが、しゃれた柄やしっかりした生地で織られたものも多く、カジュアルな着物コーディネートを楽しめます。形が大きい吉弥結びはお尻の大きさや背中の広さもカバーできて一石二鳥！　大人の遊び心を帯姿でアピールします。

淡い色合いの真綿紬を幾何学模様の織り半幅帯で個性的に。かたい生地なので羽根もしっかりと大きめに作っています。着物の可愛い雀模様と羽根がポイントの吉弥結び、遊び心が楽しい帯姿です。

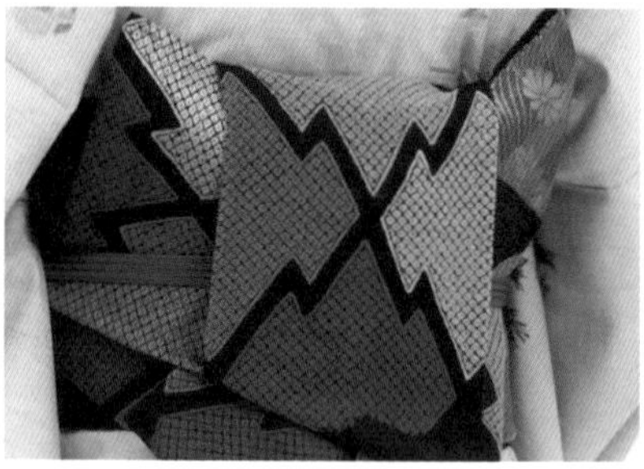

帯締めは帯の色から1色もらって。帯締めとのコーディネートもおしゃれの見せどころです。

吉弥結びで粋に。半幅帯の大人コーディネート。

左の羽根は小さめ、右の羽根は大きくして、よりアシメントリーに。余った部分はお太鼓の下にたたみこんでボリューム感アップ。自分好みの吉弥結びができました。

「この帯で気に入っているのは野菜の柄です。お茄子、かぶ、蓮根など見ているだけで楽しくなります。形見分けでいただいた大島紬に色も合っていて、友人との食事会などに気軽に着ていけます」（西沖令子さん／和らく会講師）

帯締めは帯から一番印象深い色を選んで。「改めて見たら、濃い紫色だけでもよかったかなと思っています（笑）」

Section4 帯の長さは調整OK！

吉弥結びの作り方

アシメントリーな羽根が粋な印象の帯結び。長めのたれがお尻をカバーしてくれるので、半幅は苦手という方も安心です。

用意するもの

・半幅帯（長さ：約3～3.5m）
・装着用のひも（2㎝幅／長さ：胴回り+30㎝）1本
・洗濯用ピンチ5コくらい

1 作り帯を装着する人の胴回り（帯を締めたときの帯の下線の位置・写真の点線）をはかる。

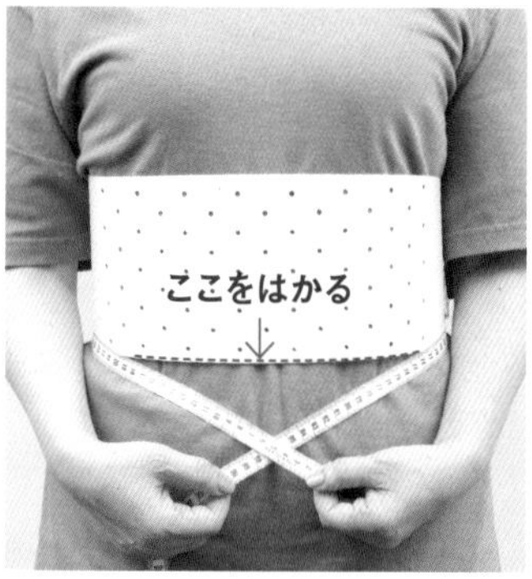

※計測位置をわかりやすくするため、撮影用に帯板を付けています。

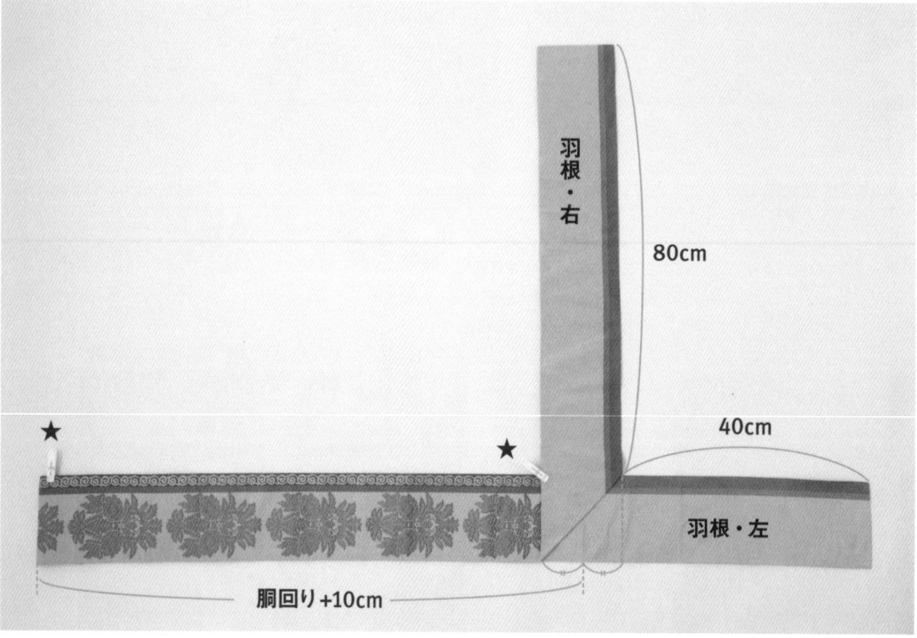

2 帯を横に外表に二つ折りにし、写真のように帯の各部を折り、ずれないように★2ヵ所をピンチで仮どめする。帯の長さが折り方に合わない場合は胴回り+10㎝を確保して、羽根は帯の長さなりでOK。

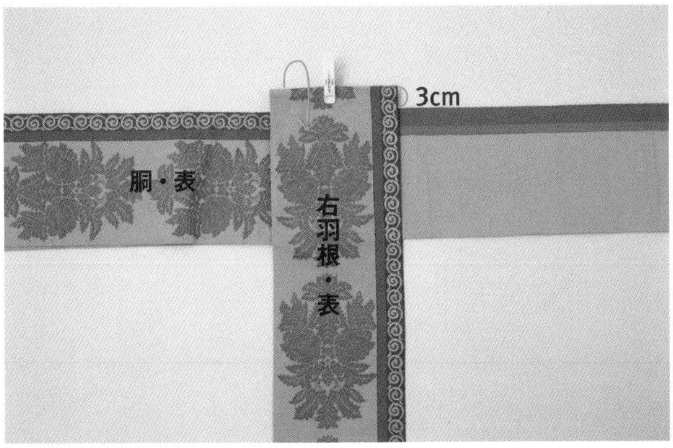

3 ★ピンチをはずし、帯の3cm上から羽根・右部分を折り下げてピンチで仮どめする。折り山が帯山になる。

4 羽根・右部分を右ななめ上に折り上げる。

5 羽根・右部分を折り上げたところ。

6 折った羽根を内側に半分に折る。

7 右羽根が完成。

8 お太鼓部分を左手で押さえ、右手で羽根・左部分を引き下げる。

9｜引き下げた羽根をお太鼓の中に通して、左側に出す。

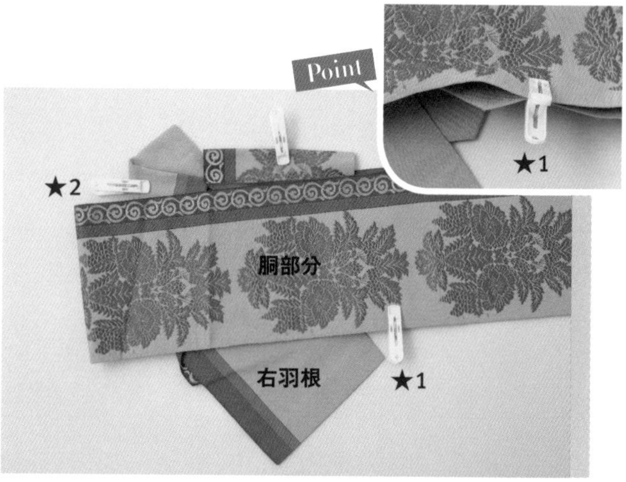

10｜帯を裏に返して、★2ヵ所をピンチで仮どめする。

11｜折り山の部分を羽根のカーブに沿わせ、たるみを右側に送る。

12｜たるみにタックを取る。

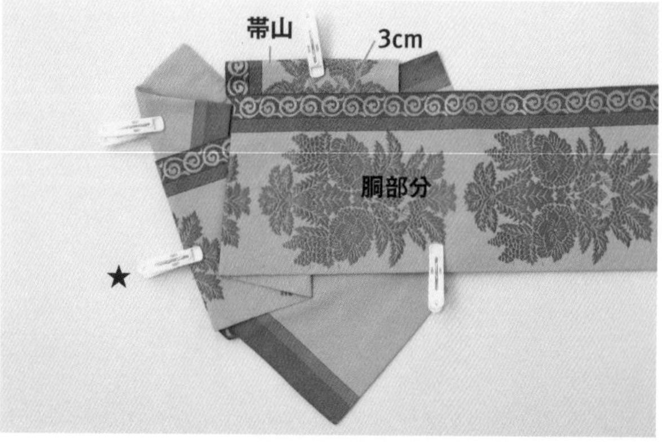

13｜帯山と胴部分が平行になるようにタックの形を整え、★部分をピンチで仮どめする。

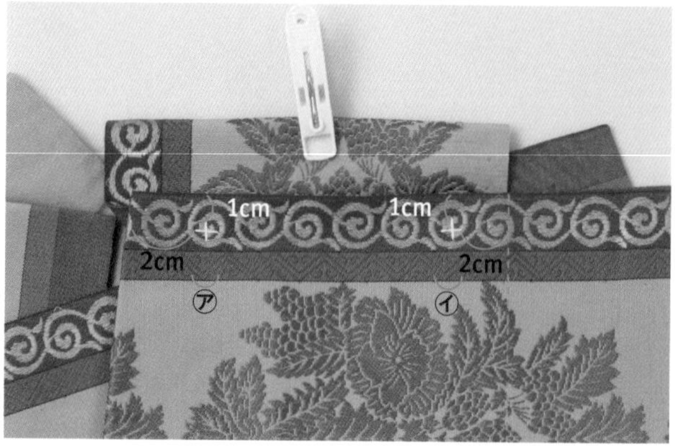

14｜㋐、㋑のところで胴部分とお太鼓の内側を十字どめする。

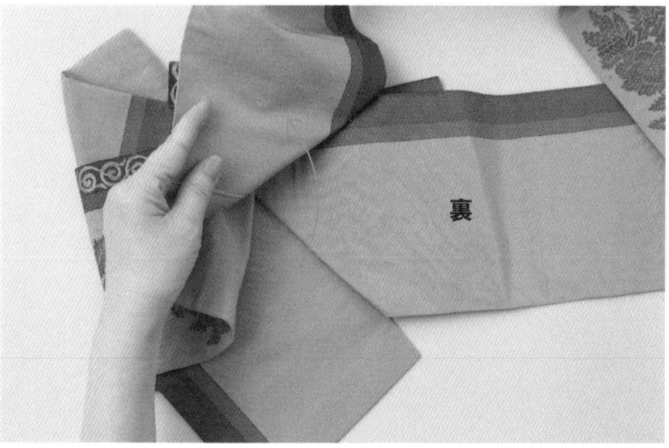

15 帯山以外のピンチをはずし、胴部分をめくる。

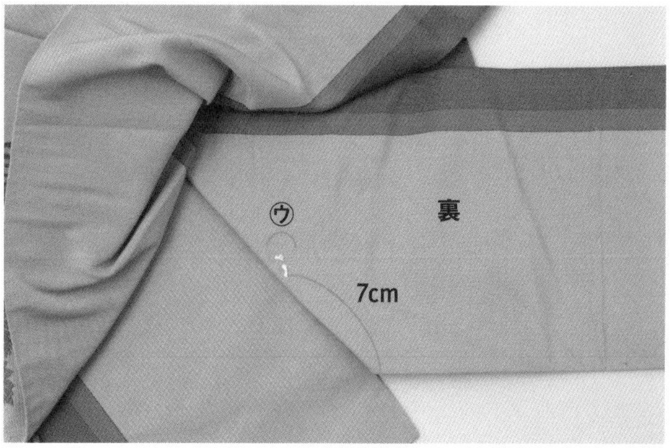

16 ㋒で胴と羽根を縫いとめる。

17 装着用のひもを二等分する。

18 タックを開いてひもを置き、ひも端から1cmのところでひもと胴、左羽根を1目で縫いとめる。

19 タックを元の位置に戻し、㋓で胴とひもを4目ほどで縫いとめる。

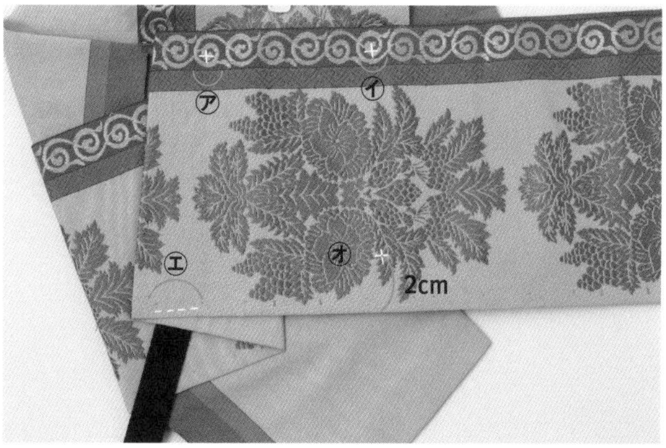

20 ㋑と胴部分の下辺を結ぶ線上の㋔で胴2枚を十字どめする。

21 胴部分がたるんでいたら右に伸ばし、整える。

22 ゆるみがずれないように上端をピンチで仮どめする。ひもを置き、ひも端から2㎝のところで胴の上1枚を4目ほどで縫いとめる。

23 ひもを折り返して、折り山から2㎝のところでひもと胴2枚を4目ほどで縫いとめる

24 ひも端を三つ折りぐけする。

25 できあがり!

吉弥結びのたたみ方

重ねて収納すると、
使いたい帯をひと目で取り出せます。

1 帯を裏にして置き、胴部分にひもをのせる。

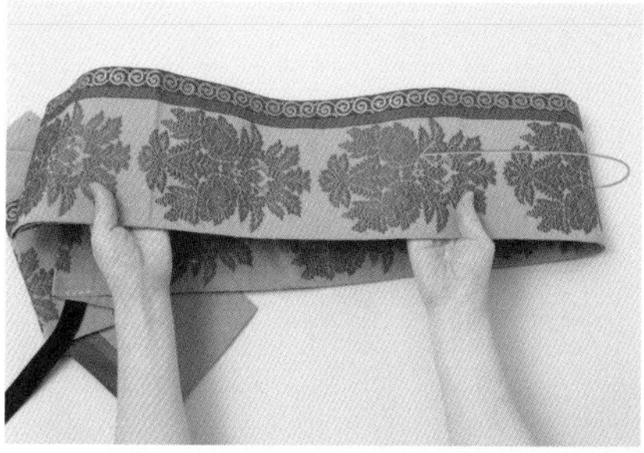

2 胴部分を左側に半分に折る。

3 折り終わったところ。

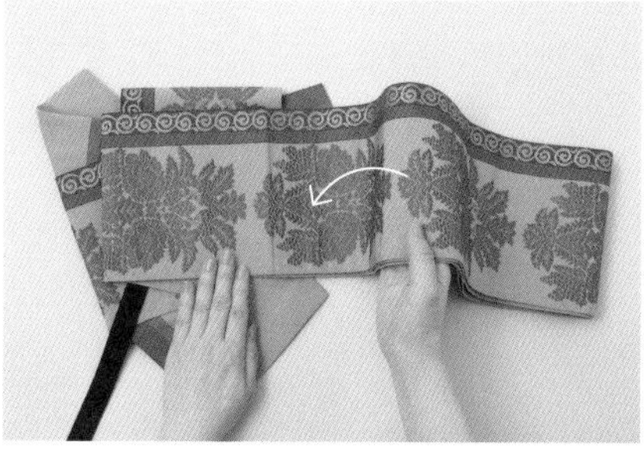

4 もう1回、胴部分を左側に半分に折る。

5 胴部分を右側に折り返す。帯が余っていたらもう1回左側に折り、胴部分をお太鼓の中に収める。

6 もう片方のひもを折りたたんで胴部分にのせて、できあがり。

吉弥結びの装着

帯締めも帯揚げもつけた大人スタイルで。
帯締めでお太鼓の中をきっちり押さえることがポイントです。

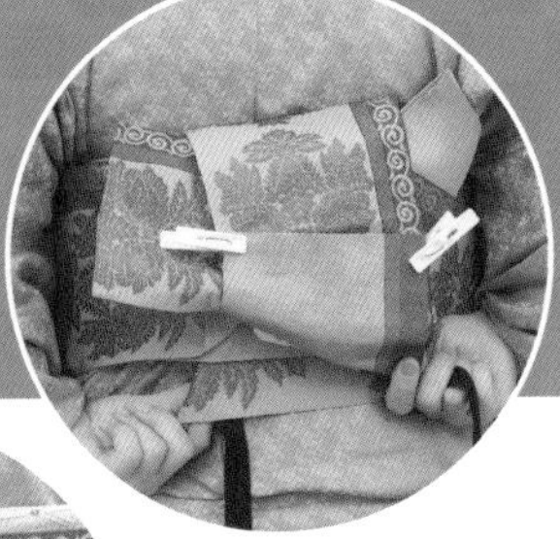

用意するもの

- 吉弥結びの作り帯
- 帯板
- 帯揚げ
- 帯締め

1 | 帯揚げを軽くたたんでお太鼓の中に通す。

2 | 帯の表を正面にして帯山を持つ。ゴムベルト付きの帯板を使用する場合は装着する。

3 | 帯の位置を決め、背中に密着させて帯揚げを仮結びする。

4 | 羽根やたれの位置をチェックする。

5 | 帯揚げで帯を仮装着した状態。

6 | お太鼓の中から胴部分をゆっくり引き出し、胴に巻いていく。

7 正面に巻いたら、帯板を入れる。

8 左手で巻き始め部分を持ち、右手で背中に巻いていく。

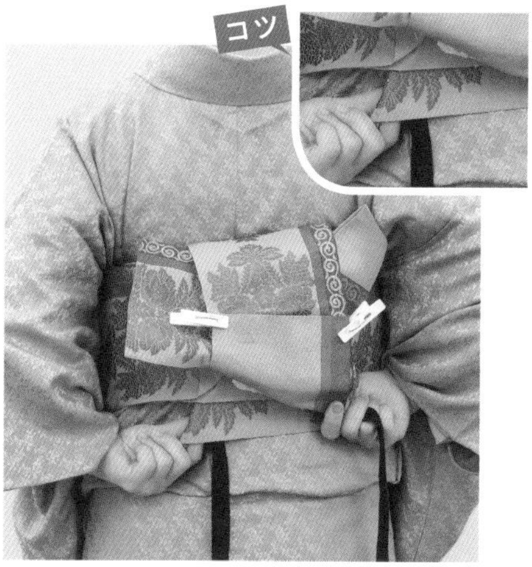

9 胴の端を左手に持ちかえて折り山に指を入れ、右手でもう一方の端を持ち、左右に締める。

10 装着用のひもを正面に回して、帯下でリボン結びする。

11 ひもを結んだまま、9と同様に胴の両端を持ち、左右に締めて、二度締めする。

12 ひものゆるみが出るので、結び直して帯の下に入れる。

13 帯揚げと帯締めを結ぶ。

14 できあがり！

和らく会流ラク～に着ましょう

着物＆襦袢の着付けレッスン

便利な着付け小道具や代用品を使って、ラクして着るのが和らく会流。
着物の着付けができれば、帯結びは作り帯があるから心配なし。 さあ、レッスンしましょう！

用意するもの

着物グループ

着物

伊達締め

おはしょりを押さえます。

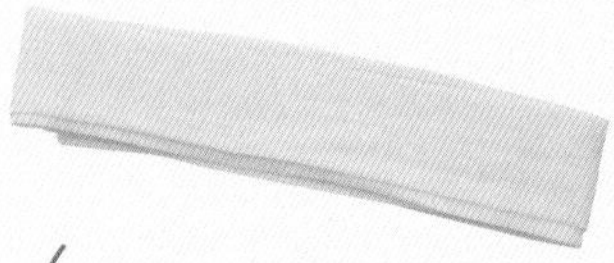

腰ひも

サイズが大きい着物の場合は、2本使っておはしょりを調整します。

腰ひもの代わりに

コレも便利

ウエストベルト

腰ひもの代用品。ゴム製なので伸縮性があり。留め具で留めます。

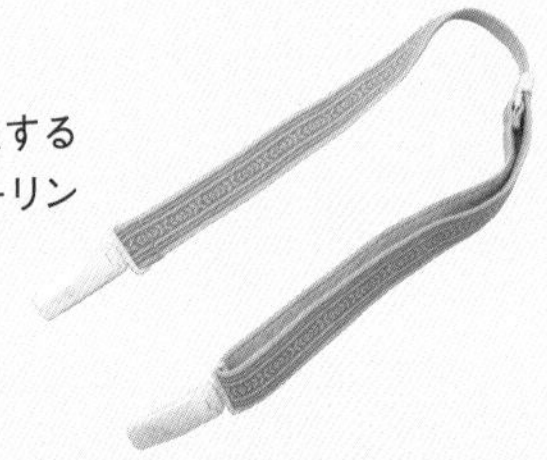

コーリンベルト

衿元の着崩れを防止する便利グッズです。コーリン株式会社製。

襦袢グループ

長襦袢

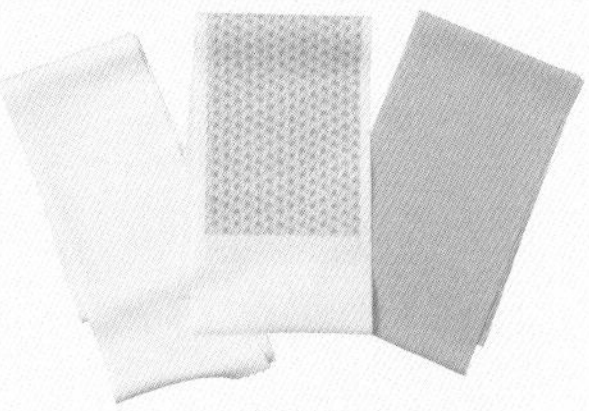

半衿

着物の裄や袖丈のサイズに合ったものを用意。半衿をつけておきます。本書は長襦袢を使用していますが、半襦袢＋裾除けの二部式襦袢もあります。

衿芯

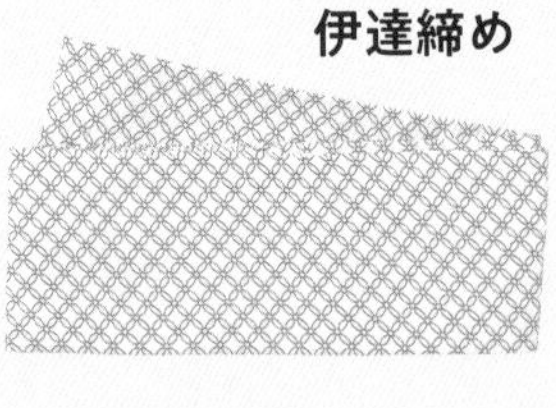

伊達締め

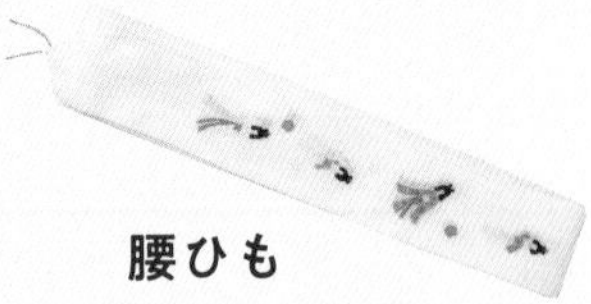

腰ひも

伊達締め・腰ひもの代わりに

和らく会はコレ！

2本組みゴムベルト

伊達締めや胸ひもを使わず、これ1本で長襦袢の衣紋の詰め具合や衿元が簡単に決まります。

留め具をはずして使います。

肌着グループ

肌襦袢

衿ぐりが広いタンクトップやTシャツでもOK。

和らく会はコレ!

肌襦袢・裾除けの代わりに

着物スリップ

肌襦袢と裾除けが一体化したワンピース型のスリップ。これを着るだけ肌着の準備が完了です。

裾除け

腰から足首までの長さで裾さばきをよくし、襦袢の汚れも防ぎます。

足袋

コレも便利

着物用ステテコ

裾除けの代わりに。ローライズなので腰ひもやおはしょりと重なりません。

着付けに役立つ各部の名称

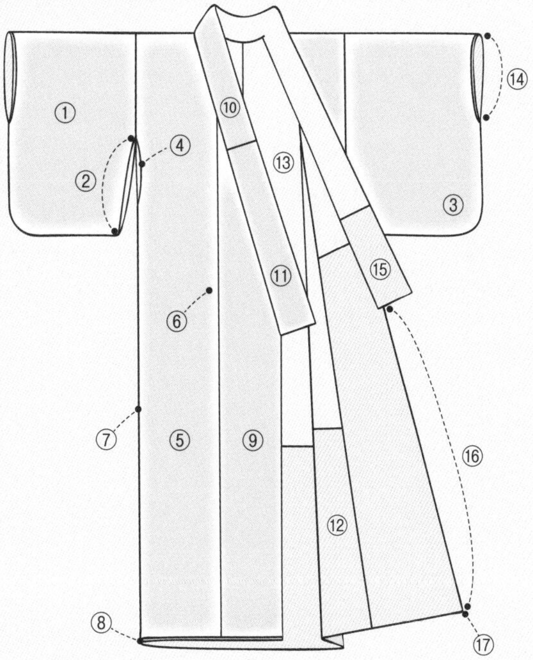

❶前袖
❷振り
❸たもと
❹身八つ口
❺前身頃
❻おくみ線
（おくみの縫い目）
❼脇線
❽裾
❾おくみ
❿掛け衿（本衿の上につけた衿）
⓫本衿
⓬八掛け（裾や袖口の裏生地）
⓭胴裏
（八掛け以外の胴の部分の裏生地）
⓮袖口
⓯衿先（衿の先端部分）
⓰衿下（衿先から褄先まで）
⓱褄先（裾と衿下の角）

長襦袢の着付け

用意するもの
- 長襦袢（半衿をつけて衿芯を入れる）
- 2本組みゴムベルト

1 肌着を着て、長襦袢を右肩、左肩の順に肩にかけて袖を通す。胸元を隠すように衿を合わせる。

2 片手で衿先、もう片方の手で背中心を持って引き、衣紋を抜く。

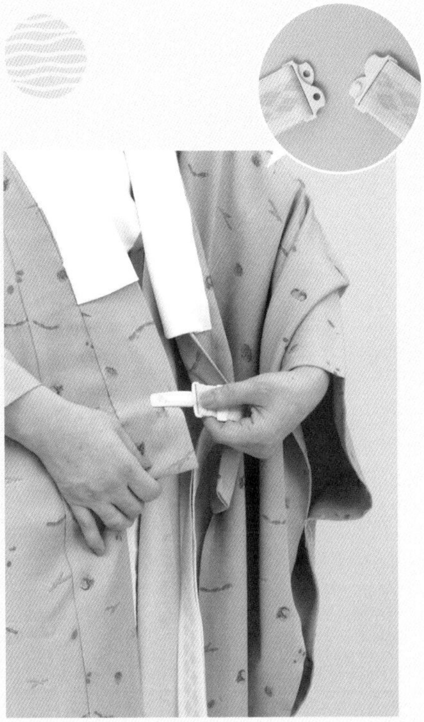

3 2本組みゴムベルト（以下、ゴムベルト）の留め具をはずして、左右の衿先につける。

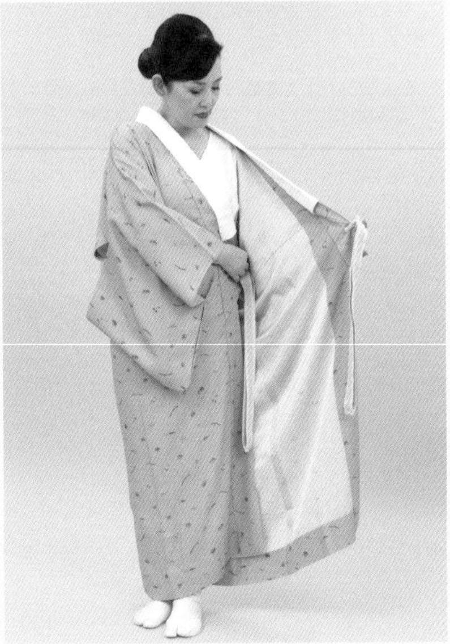

4 下前（右側）の衿を合わせる。

5 下前につけたゴムベルトを身八口から出す。

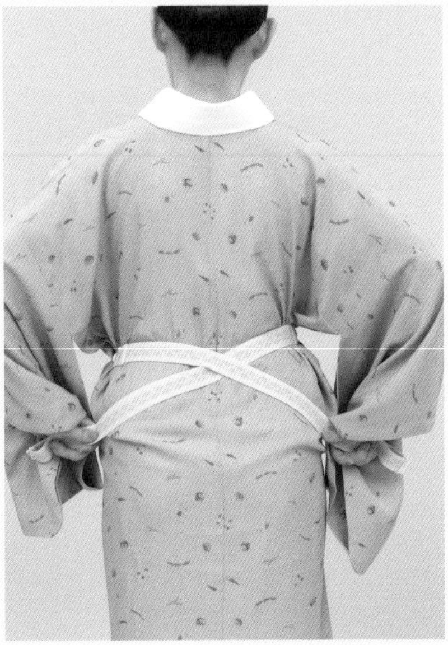

6 ゴムベルトを背中に回し、背中心のあたりで交差させる。

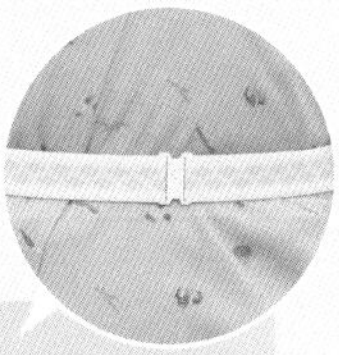

7 正面でゴムベルトをとめる。

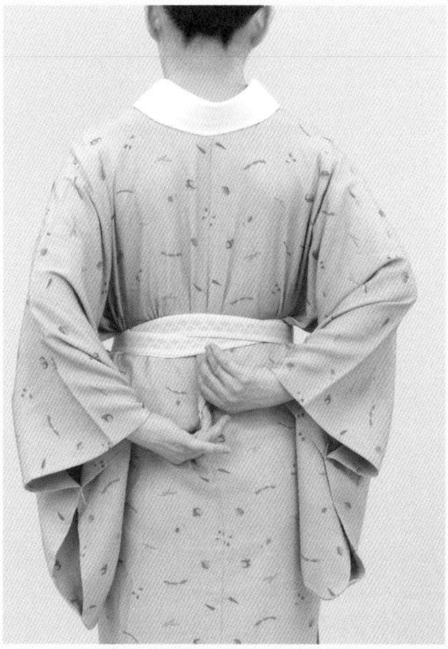

8 背中心を両手で下に引いて、背中のしわをとる。

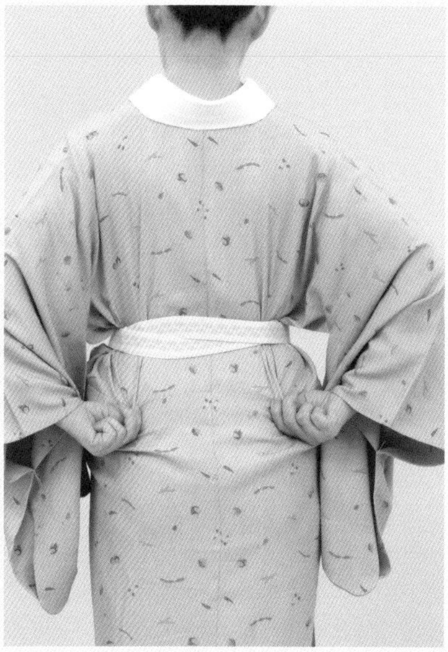

9 左右の肩甲骨の下を両手で下に引いて、しわをしっかり取る。

10 下前の衿元を押さえて左手で衿先を引き、胸元のゆるみを取る。

11 上前の衿元を押さえて右手で衿先を引き、胸元のゆるみを取る。

12 完成。

着物の着付け

用意するもの
- 着物
- 伊達締め
- 腰ひも
- コーリンベルト

1 片手で持って着物を背中に回し、掛け衿の端を持つ。

2 片方ずつ肩にかける。

3 左手で衿を押さえ、右手で長襦袢のたもとを持って肘から袖に通す。同様に左のたもとも袖に通す。

4 掛け衿を軽く正面で揃える。

5 袖の振りに手を入れて、長襦袢のたもとと着物のたもとを合わせる。

6 掛け衿の端を持ち、体の中心で合わせる。

7 背中心と衿先から手幅一つ分のところを持つ。背中心を持った手を床と平行に後ろに引く。

8 衿と背中心を持った手を同時に持ち上げてから、床すれすれに下ろして裾丈を決める。

9 8の裾丈をキープして左右の衿先を持ち、上前（左の身頃）の端を右脇の腰骨の位置に持っていく。

10 上前を開いて腰の位置で持ち、下前（右の身頃）の衿先を左の腰に巻きつけて、裾先を持ち上げる。

11 上前を戻して腰骨の位置で押さえながら、左手で衿先を少し持ち上げて、裾先を上げる。

12 右手で腰ひもの真ん中を持ち、左手の位置に当てる。

13 腰ひもを左側に滑らせて左右の腰骨の間にしっかりと当てる。

14 腰ひもを背中に回して交差させる。

15 正面で腰ひもをしっかりとリボン結びにする。

コレも便利！

12 ～ 15のとき腰ひものかわりにウエストゴムベルトを使うと、結び目の凹凸が出ない。

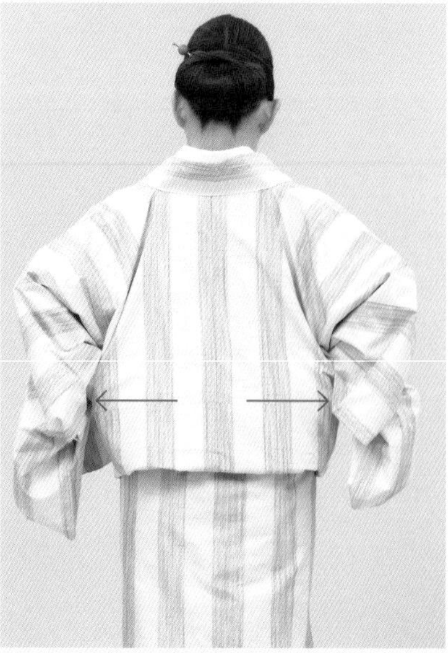

16 身八つ口から手を入れ、おはしょりの底をなでるように左右に滑らせて形を整える。

17 16と同様にして前身頃のおはしょりを整える。

※わかりやすくするため、撮影用に着物をはずしています。

18 下前の衿と半衿を耳下で揃えて衿を折り、上前の身八つ口から左手を入れておはしょりを持つ。

19 おはしょりを内側に三角に折り上げて、コーリンベルトをとめる。

20 下前と同様に上前の衿を整えて、コーリンベルトを下前と同じ高さの位置にとめる。

21 横から見たところ。

22 半衿の見え方を直したい場合は、耳下で着物の衿と半衿を揃え直す。

23 左手を衿の上からなで下ろして、たるみを取り、コーリンベルトをとめ直す。

24 伊達締めを胸の下に当てる。

25 伊達締めを背中に回して交差させ、下になったほうを斜めに折りあげて正面に回す。

26 胸のすぐ下で2回からげて、端を伊達締めの中にしまう。

27 背中心を両手で下に引いて、背中のしわを取る。

28 左右の肩甲骨の下を両手で下に引いて、しわを取る。

29 両脇を左右の横方向に引いて、たるみを取る。

30 右手で伊達締めを押さえ、おはしょりを下に引いて、脇のたるみを取る。

31 左手で伊達締めを押さえ、上前の衿先を斜め下に引いてから右横に引き、衿元のたるみを取る。

32 おはしょりを手のひらで横になでて中の空気を抜き、しわを取る。

33 完成。

和らく会

「帯を作り帯にして着物を気軽に着てもらいたい」という仲間たちが集まり、2009 年に大阪に設立。〈帯を切らずにより簡単に作ることができ、装着しやすい。手結びと変わらない美しさを持ち、着崩れしない〉という和らく会流の作り帯を完成させる。基本のお太鼓帯の他、作り方の改良や研鑚を重ねた従来の飾り結びはもちろん、和らく会オリジナルの飾り結びも人気が高い。講座実績はよみうりカルチャー、朝日カルチャーセンター、毎日文化センター、NHK文化センター、サンケイリビングカルチャー倶楽部、産経学園、ほか多数。和らく会主催講座も東京都内で定期的に開催中。講師自身が着物に自作の作り帯を装着して教える懇切丁寧な指導が評判を呼び、受講生はのベ1万3300人を超える(2024年4月現在)。

（撮影 和田 久）

和らく会HP（活動内容や講座情報、ブログなど）
www.warakukai2019.com

本書の内容に関するお問い合わせは、お手紙かメール(jitsuyou@kawade.co.jp) にて承ります。恐縮ですが、お電話でのお問い合わせはご遠慮くださいますようお願いいたします。

【表紙・巻頭】

ブックデザイン　釜内由紀江
五十嵐奈央子（GRiD）
撮影　澤﨑信孝
モデル　常盤貴子
ヘアメーク　黒田啓蔵
着付け　大久保信子
衣装協力　池田重子コレクション
〒152-0003
東京都目黒区碑文谷1-14-11
TEL03-5721-5110

【Staff】

レイアウト ＊ 釜内由紀江・五十嵐奈央子（GRiD）
撮影 ＊ 本間伸彦
ヘアメーク ＊ 熊谷牧子（和らく会）
モデル ＊ 和らく会・工藤直美・桑山貴子・五味由紀子
イラスト ＊ 大楽里美（day studio）

企画・編集 ＊ 桜井美貴子（株式会社エイブル）

帯を切らずにつくれる かんたん作り帯

2021年1月30日　初版発行
2024年5月30日　4刷発行

著　者　和らく会
発行者　小野寺優
発行所　株式会社河出書房新社
〒151-0051
東京都渋谷区千駄ヶ谷2-32-2
電話　03-3404-1201（営業）
03-3404-8611（編集）
https://www.kawade.co.jp/
印刷・製本　中央精版印刷株式会社

Printed in Japan
ISBN978-4-309-28862-8

＊本書は2018年にセブン&アイ出版から刊行された『帯を切らずにつくれるかんたん作り帯』を復刊したものです。